जीवन समर

काव्य-संग्रह

जितेन्द्र देव पाण्डेय 'विद्यार्थी'

अंजुमन प्रकाशन

Title : Jeevan Samar
Author : Jitendra Dev Pandey 'Vidhyarthi'

Published By
Anjuman Prakashan
942, Mutthiganj, Prayagraj, 211003
www.anjumanpublication.com
anjumanprakashan@gmail.com

Printed and bound in India.
Paperback, First published by Anjuman Prakashan in 2022
ISBN : 978-93-91531-75-1
Copyright © 2022 Jitendra Dev Pandey 'Vidhyarthi'
Printing rights reserved : Anjuman Prakashan 2022
Cover & Typeset by Anjuman Prakashan

Price in india: 200.00

समर्पण

मेरे माता-पिता एवं लीला बिहारी कृष्ण जिनकी
कृपा और आशिर्वाद से मैं जो भी बन पाया हूँ
को सादर समर्पित

भूमिका

अभी परसों पल्ले दिन की ही बात है कि विद्यार्थी जी का कॉल आया। उन्होंने अपने कविता संग्रह 'जीवन समर' के प्रकाशन की सूचना से मुझे अवगत कराया और कहा कि रचना! प्रस्तावना लिखी जानी है इस संकलन के लिए और मेरे मन में आपका नाम सबसे पहले कौंधा सो मैंने तुरन्त फ़ोन मिला दिया, अब यह कार्य आपके ज़िम्मे है। मुझे इस संकलन की ख़बर से इतनी ख़ुशी हो रही थी कि तुरन्त कह बैठी, विद्या! (मैं विद्यार्थी को प्रेम से विद्या ही कहकर सम्बोधित करती हूँ) ये मेरे लिए सम्मान की बात है कि तुमने इस कार्य के लिए मुझे चुना है। अपनी पाण्डुलिपि भेजो तो, मैं पढ़ूँगी और फिर भूमिका या प्रस्तावना जो भी समझो लिख दूँगी।

परन्तु प्रिय पाठक मित्रों! यह कार्य मुझे जितना सरल प्रतीत हो रहा था, वह पाण्डुलिपि पढ़ना शुरू करने के साथ ही अत्यन्त गहन प्रतीत होने लगा। प्रथम खण्ड की प्रथम कविता 'मैं अहंकारी' ने मुझे ब्रह्माण्ड से समक्ष मेरा स्थान दिखा दिया। मैं अवाक् रह गई। अद्भुत विचित्रानुभूति थी वह। न साधुवाद करते बना, न बखिया उधेड़ते बनी। लगा जैसे किसी स्वप्न से जगा कर वास्तविकता के धरातल पर ला पटका। और ऐसी अनुभूति मुझे करवाने का सामर्थ्य निश्चित ही विद्यार्थी जी में ही है। आयु में मुझसे काफ़ी छोटे हैं विद्यार्थी जी, बिलकुल मेरे अनुज समान और हम दोनों में वैसा ही प्रेम भी है। परन्तु जब बात हिन्दी भाषा व साहित्य की आती है, तो वस्तुतः विद्यार्थी को मैं इस मार्ग पर अपना अग्रणी पाती हूँ।

इस संकलन में जैसे-जैसे कविता-दर-कविता आप आगे बढ़ते जाएँगे आपको मन-मस्तिष्क में एक नितान्त भिन्न और मार्मिक अनुभव होगा। कभी 'मैं नितान्त अकेला' आपको संसार में एकदम अकेला महसूस करवाएगी तो दूसरी ओर 'भीड़' आपको अकेलेपन से खींच लाएगी। आप एक पल अपने आप को 'मौत के मुहाने पर' पाएँगे तो दूसरे ही पल जीवन और मृत्यु के ठीक बीच एक 'मध्यस्थ' आकर आपको एक नई 'पहल' करने को मजबूर कर देगा।

विद्यार्थी की सबसे बड़ी खूबी ये है कि वो न सिर्फ़ जीवन में बल्कि अपनी

कला व लेखनी दोनों में कपट-रहित खरी बात करते हैं, फिर चाहे 'कवि की बात काँटे-सी' ही क्यों न हो, विद्यार्थी की लिखी हर कविता 'कीचड़ में कमल' समान प्रतीत होती है। अपने जीवन और जीवन-मूल्यों, परिस्थितियों और ज़िम्मेदारियों, व्यवहार और व्यवहारिकताओं, समस्याओं और समाधानों के बीच सन्तुलन का प्रयास करते विद्यार्थी, अपनी कला व कलाकृतियों के बीच भी बहुत ईमानदारी से सन्तुलन बनाते दिखते हैं। जीवन के सपनों को योजनाओं के हत्थे न चढ़ा कर वे उन सपनों को यथार्थ में जीते दिखाई पड़ते हैं। इस संग्रह का प्रथम खण्ड 'जीवन' आपको स्वयं अपने जीवन का चित्र बनाता प्रतीत होगा। हर कविता स्वयं में एक पूरा जीवन प्रतीत होगी और आप खुद के कई जीवन एक साथ जीता हुआ पाएँगे।

जीवन समर का पहला खण्ड जहाँ जीवन की सरलताओं, गरलताओं, संघर्षों और जीवन-रेखा के विभिन्न आयामों को समेटता है वहीं अगला खण्ड 'अभिसार' आपका हाथ थाम कर आपको अपने प्रिय व प्रेम की राह पर अग्रसर करता है। आरम्भ में प्रेम की वह अवस्था जहाँ आप अपने प्रिय का वर्णन कर पाने के लिए लगभग निःशब्द होते हैं। उस अवस्था को विद्यार्थी अपने शब्दों से सज्जित करते हुए कहते हैं कि ''हे अनुपमेय! मैं नहीं कालिदास जो कर सकूँ वर्णित तुम्हारे दर्पण जैसे परावर्ती नेत्रों को''। यह खण्ड प्रेम की जीवन रेखा के हर पक्ष का हृदयस्पर्शी व्याख्यान करता है। साथ ही जीवन में आगे बढ़ते रहने को भी प्रेरित करता है। यह जीवन रेखा 'अवर्णित तुम' से आरम्भ होकर 'तारीख़ों की दस्तक' पर आकर ठहर जाती है। इस जीवन-रेखा को पूरा होना नहीं कहा जा सकता क्योंकि प्रेम वह चिरस्थायी प्रतीक्षा है जो पूरी हो जाने पर समाप्त हो जाएगी और इसका समापन सम्पूर्ण ब्रह्माण्ड का समापन होगा।

जीवन समर, 'जीवन' की रेखा से बनना शुरू करता है, फिर वह 'अभिसार' से होता हुआ दूरस्थ किसी पठार की हरी दूब के बीच उगती 'कलिकाएँ' दिखाने ले चलता है। यह यात्रा जितनी मर्मज्ञ है उतनी है रोमांचक भी और उससे कहीं अधिक रचनात्मक है। जिसमें विद्यार्थी का विद्यार्थी होना पूर्णतया निहित है। मैं हमेशा यह कहती हूँ कि विद्यार्थी की कविताओं को अकादमिक पाठ्क्रमों में भी

सम्मिलित करना चाहिए।

बाँके बिहारी लाल से प्रार्थना है कि वे 'जीवन समर' व विद्यार्थी जी की कलम को अपनी आशीष दें। मेरी हार्दिक इच्छा है कि हर कला प्रेमी हृदय तक जीवन समर का नाद पहुँचे। जो भी इसे पढ़े वो बारम्बार पढ़े और हर उस हृदय से इसे साझा करें जो हिन्दी साहित्य में रुचि रखता है।

प्रिय विद्या !

तुम्हारी कलम और सशक्त हो और तुम यूँ ही अपने सुन्दर विचारों की रचनाकृतियाँ रचते रहो।

असीम स्नेह सहित

रचना कुलश्रेष्ठ

अपनी बात...

प्रियजनों !

मैं कवि नहीं हूँ, मुझे कविता की भाषा नहीं आती, यूँ कहें कि मैं कविता की भाषा से ही अनभिज्ञ हूँ, किन्तु देश-समाज, निराकार स्थितियों-परिस्थियों को अवलोकित करते हुए, अपनी व दूसरों की पीड़ा-व्यथा, प्रसन्नता को आकर देने के उद्देश्य से शब्दों को आगे-पीछे कर, वाक्यों को छोटा-बड़ा बनाकर लिखने का प्रयत्न कई वर्षों से कर रहा हूँ, और उन्हें कविता कहने की धृष्टता कर रहा हूँ।

फाल्गुन माह की ही कोई तिथि थी, तब मैं स्नातक के प्रथम वर्ष का विद्यार्थी हुआ करता था। मैं सो रहा था, मध्यरात्रि में निद्रा टूटी, और कुछ पंक्तियाँ मस्तिष्क में प्रवाहित होने लगीं। तब मेरे पास घड़ी नहीं थी, मोबाइल का तो नाम भी नहीं जानता था, अतः समय का ध्यान नहीं है, किन्तु रात के एक या दो बजे होंगे उस समय। मैं सोने का प्रयत्न कर रहा था, किन्तु नींद तो जैसे कहीं बहुत दूर जा चुकी थी। मैंने तुरन्त ही महाविद्यालय वाली अभ्यास-पुस्तिका उठाई, और उसी में "इतना बड़ा ब्रह्माण्ड..." से लेकर एक साँस में "वही तो सम्भल जाए" तक पूरी कविता लिख डाली, और इसका शीर्षक दिया 'मैं अहंकारी'। दूसरी रात्रि पुनः वही घटना घटी। पुनः "आधा भरा हुआ हूँ, फिर भी उछल रहा हूँ" 'अधजल गगरी' नाम से एक और कविता ने जन्म लिया। फिर चुपके से मैंने स्वयं को कवि मान लिया। फिर लगा कवि हूँ, तो कवि जैसा नाम भी तो होना चाहिए, जैसे कि-निराला, पन्त इत्यादि, फिर क्या था, तुरन्त ही जितेन्द्र के हृदय रुपी नाभि से एक कमलदल निकला और काव्य-सृष्टि का सर्जक विद्यार्थी रुपी ब्रह्मा ने अवतार लिया, और नाम दिया जितेन्द्र देव पाण्डेय 'विद्यार्थी'। ईसवीय सन 2004 (संवत् २०६१) से जो काव्य यात्रा प्रारम्भ हुई, अभी तक अनवरत चल रही है। पहली बार लिखकर जो स्वयं को कवि मानने की धृष्टता कर बैठा था, कुछ ही दिनों पश्चात् उसका अभिमान भी कम होता गया, और लेखनी सामान्य गति से अविरल लिखती ही जा रही है

प्रिय योद्धाओं !

मैं आज आपके समक्ष कविता नहीं, जीवन प्रस्तुत कर रहा हूँ। जीवन वह

नहीं, जिसे मात्र जी रहे हैं आप और मैं, जीवन वह, जो इस सृष्टि में सभी जी रहे हैं, सजीव भी, निर्जीव भी। मैं आपके समक्ष वह जीवन प्रस्तुत कर रहा हूँ, जिसे डार्विन ने कहा है, Survival for the fittest, मैं उस जीवन को प्रस्तुत कर रहा हूँ, जिसे कृष्ण ने कहा है, "हतो वा प्राप्स्यसि स्वर्ग जित्वा वा भोक्ष्यसे महीम्। तस्मादुत्तिष्ठ कौन्तेय युद्धाय कृतनिश्चयः ॥" मैं उस जीवन को प्रस्तुत कर रहा हूँ, जिसे जीने और दूसरों को जिलाने के लिए सुकरात ने विषपान किया, जिसके लिए मंसूर को सूली हुई। मैं उस जीवन को प्रस्तुत कर रहा हूँ, जिसके लिए जीव बूँद-बूँद तरस रहा है, मैं उस जीवन को प्रस्तुत कर रहा हूँ, जो कुएँ के पास खड़ा होकर भी पानी को तरस गया, मैं उस जीवन को प्रस्तुत कर रहा हूँ, जो दूसरों के लिए सरल और स्वयं के लिए कंटीला मार्ग लगता है। मैं वह जीवन प्रस्तुत कर रहा हूँ जिसे जीना तो सभी चाहते हैं, किन्तु जी नहीं पा रहे हैं, मैं उस जीवन को प्रस्तुत कर रहा हूँ जो स्थल पर भी मात्स्य-विधान से परिपूर्ण है।

बात उन दिनों की है, जब मैं माखनलाल चतुर्वेदी विश्वविद्यालय, भोपाल से पत्रकारिता विधा से परास्नातक की पढ़ाई कर रहा था। आर्थिक स्थिति इतनी अच्छी नहीं थी कि एक विशेष पुस्तिका क्रय कर कविताओं को उसी में संग्रहीत करूँ, अतः कविताओं को कहीं भी लिखकर रख लिया करता था। उसी समय मेरे एक सहपाठी रहे वृजेश सिंह ने मुझे कविताओं को ब्लॉग में रखने का सुझाव दिया। कम्प्यूटर का उपयोग करना मैंने वहीं सीखना प्रारम्भ किया था, अतः ब्लॉग इत्यादि से पूर्ण अनभिज्ञ था, तो ब्लॉग निर्माण तो मेरे लिए टेढ़ी खीर ही था। वहीं मेरे दूसरे सहपाठी रहे राजीव ने मुझ अज्ञान के ऊपर अपनी कृपा-दृष्टि बरसाई। वे कम्प्यूटर तकनीकि में पारंगत व्यक्ति हैं। उन्होंने मेरे लिए घण्टों समय निकाला, और मेरे ब्लॉग का निर्माण किया, उसके लिए प्ररचना तैयार की, और नाम दिया 'जीवन समर'। सम्भवतः राजीव को बिना मेरे बताए ही मेरे बीते जीवन की जानकारी थी, और सम्भव है मेरी काव्य-भाषा को भी वे समझ गये थे, इसीलिए उन्होंने यह नाम दिया होगा। मेरे पास इस नाम को हटाने, या यह शीर्षक अच्छा नहीं है कहने का कोई कारण ही नहीं था, सहर्ष स्वीकार किया, और तब से इसी शीर्षक से काव्य संग्रह प्रकाशित कराने का स्वप्न देख गया।

जीवन समर। यह समर किसी एक व्यक्ति का नहीं है। मेरी हर कविता चाहे वह जीवन से जुडी हो, या प्रेम से, दोनों में व्यक्ति आपको नित नई रणभूमि में ही दिखाई देगा। एक ऐसा रणक्षेत्र जहाँ हर व्यक्ति कृष्ण, अर्जुन, शकुनि और दुर्योधन जैसे युद्ध कारक है, तो कई स्थानों पर मिलेंगी झलकियाँ परमार्थी बलिदानी अभिमन्यु की, कर्ण की और घटोत्कच की। कई कविताओं में आपको दीख जाएँगे विवश भीष्म, द्रोण, विदुर जैसे महायोद्धा, तो कई स्थानों पर दीख जाएगी आपको द्रौपदी, जिसे लूट लिया है अपनों ने ही भरी सभा में, तो कई स्थान पर कुन्ती-गांधारी जैसी लाचार रानियाँ।

मेरी कविताओं में आपको प्रेम करता हुआ कृष्ण मिलेगा, राधा-रुक्मणी मिलेगी, पृथ्वीराज और संयोगिता मिलेंगे और साथ ही मिलेंगे अर्जुन और सुभद्रा भी। मेरी कविताओं में प्रेम के वियोग-व्यथा से तप्त अरण्यकाण्ड से लेकर लंकाकाण्ड तक के राम और सीता मिलेंगे। इन कविताओं में आपको उतना प्रेम मिलेगा, जितना कि प्रेम बहाता है समुद्र अपने किनारों के लिए, जितना कि प्रेम फैलाता है सूर्य अपनी किरणों के लिए, जितना कि प्रेम प्रवाहित करता है हिमालय अपनी नदियों के लिए, जितना कि लोर्का लिखता है अपनी पत्नी के लिए। यह संग्रह जीवन और प्रेम के रसों से भरा हुआ एक उद्यान रुपी संग्रामस्थल है। समग्र में कहूँ तो यह काव्य संग्रह एक कुरुक्षेत्र ही है, जिसमें इतिहास के पात्र तो नहीं हैं, किन्तु वर्तमान में उन्हीं पात्रों को जीने के लिए विवश हो चुके लोग हैं।

अभी जितनी कविताएँ आपके समक्ष प्रस्तुत हो रही हैं, ये समस्त कविताएँ उन दिनों की हैं, जब मैंने लिखना प्रारम्भ किया था, अतः आप समझ सकते हैं कि ये तो अभी मेरे संग्रह का आरम्भ है, इसके कुछ ही माह पश्चात् आपको शब्द-समर नाम से दूसरा संग्रह भी प्राप्त होगा, जिसमें कविताओं की एक अलग ही झलकी मिलेगी।

मेरी कविताएँ आपके पास एक संग्रह के रूप में आ रही हैं, इसके लिए धन्यवाद स्वरुप मैं सर्वप्रथम शाष्टांग दण्डवत हूँ अपने माता-पिता के चरणों में, तदुपरान्त लीला बिहारी कृष्ण सहित स्वर-देवि सरस्वती को प्रणाम प्रेषित

करता हूँ। काव्य-जगत में मेरा कोई एक गुरु नहीं हैं, मैं इस सृष्टि के उन सभी सजीवों-निर्जीवों को प्रणाम करता हूँ, जिनसे मुझे लिखने कि प्रेरणा मिली है। मैं आभारी हूँ आप समस्त पाठकों का जिनका प्यार अभी तक मेरी कविताओं को मिलता आ रहा है, और भविष्य में भी निरन्तर मिलने की कामना है, मैं आभारी हूँ, रचना कुलश्रेष्ठ का जिन्होंने इसके लिए भूमिका लिखी है, और एक बड़ा-सा आभार अंजुमन प्रकाशन, इसके छोटे-बड़े सनाम-अनाम समस्त कर्मचारियों का, जिन्होंने मेरी कविता के संग्रहण से लेकर प्रकाशन सहित कि यात्रा को पूर्ण कर, आप सब तक एक संग्रह के रूप में, पहुँचाने का दायित्व लिया। मैं समय सहित उन समस्त सर्वसम्मानितों का आभार प्रकट करता हूँ, जो प्रत्यक्ष या अप्रत्यक्ष रूप से मेरी काव्य-यात्रा में सहयोगी रहे हैं।

और अन्त में यही कि मैं पूर्ण आशान्वित हूँ कि मेरे जैसे अकवि की छोटी-सी अंजुलि से प्रस्तुत कविताओं को आप ऐसे ही स्वीकार करेंगे, जैसे शिशु कृष्ण की अंजुलि से गिरते हुए अन्नदान को स्वीकार किया था, शिव ने।

आपका

जितेन्द्र देव पाण्डेय 'विद्यार्थी'

अनुक्रम

जीवन

मैं अहंकारी

(पहली कविता)

इतना बड़ा ब्रह्माण्ड,
जिसमें कई आकाश गंगाएँ करती काण्ड।
उनमें से एक हमने चुनी,
नाम उसका '**मन्दाकिनी**' ।

घूम रहे जिसमें अगणित तारे,
फैला रहे जगत में जो उजियारे।
तारा अपना है '**दिवाकर**',
हर्षित हैं हम इसको पाकर।

यह है राजा, नौ हैं इसके चेरे,
प्रतिदिन-प्रतिपल लगाते इसके फेरे।
इनमें से है एक '**वसुन्धरा**',
जिसने इतना बोझ धरा।

इसको बाँटा सागर और सीप में,
सात महाद्वीप में।
'**एशिया**' है जो खड़ा,
विश्व में सबसे बड़ा।

इसमें ही हैं कई देश,
एक-दूसरे का हरते क्लेश।
उन सब में है देश हमारा,
'भारत' नाम विदित संसारा।

चलाने के लिए काज,
उन्तीस बाँटे इसमें राज।
हृदय जिसे कहते गुणी,
'मध्यप्रदेश' अग्रणी।

इसके भी हुए भाग,
दस बने इसमें सम्भाग।
'रीवा' है सबका सरताज,
बघेलों का था जिसमें राज।

इनसे आकर कई मिले,
इसमें बने हैं चार ज़िले।
नहीं फैलाता कोई झोली,
नाम है इसका **'सिंगरौली'**।

काम चलाने को बने हथकण्डे,
और बाँटे विकासखण्ड।
सब वर्गों की है ये संगी,
नाम है इसका **'चितरंगी'**।

जीवन-समर

उठाया कागज लगाया सील,
और बनाया है तहसील।
'**देवसर**' जिसका नाम सादर,
हर मानव का जिसमें आदर।

चोरों के लिए लगाया बाना,
इसलिए बनाये गए हैं थाना।
सिपाही करते जहाँ मेहनत से काम,
'**बरगवाँ**' है उसका नाम।

पहुँचाने को पत्र हर घर,
बना दिया है डाक का घर।
मेहनतकश मजदूरों वाली,
नाम है इसका '**गोंदवाली**'।

झगड़ा निपटाने-मिटाने कलह,
ग्राम पंचायत में करें सुलह।
सादगी का ओढ़े चादर,
सबको प्यारा लगता '**दादर**'।

वनों में न लगता ठाँव,
क्योंकि बने हुए हैं गाँव।
राम से शुरू होता जहाँ का नाम,
'**रमपुरवा**' है उसका नाम।

इस गाँव में हैं बहुत भवन,
पूजा-पाठ रोज होता हवन ।
'इक्यावन अंकीय' घर हमारा,
हम सबको ये जान से प्यारा ।

घर में न होता कोई पाप,
क्योंकि मुखिया मेरे बाप ।
सबसे प्रेम से काम इनका,
श्री **'सुग्रीव देव'** नाम जिनका ।

आदमी हैं ये बहुत ही सच्चे,
इनके हैं पूरे दस बच्चे ।
इन सब में मैं सबसे छोटा,
'विद्यार्थी' मैं सबसे खोटा ।

घमण्ड और अहंकार वाला,
इतने बड़े संसार वाला ।
जिसका न कोई पार पाये,
आजीवन चाहे घूमता रह जाए ।

घर में भी छोटा-संसार में भी तुच्छ,
लिये फिर भी अहंकार का गुच्छ ।
अत्यन्त छोटे कद वाला,
लोभ से गदगद वाला ।

पाप को करता हुआ,
सबका श्राप भरता हुआ।
अपने मुँह मियाँ मिट्टू बनता,
दूसरों की प्रगति से मैं जलता।

समझता नहीं संसार को,
बकता रहता बेकार को।
यही बना है काम मेरा,
सोचता होगा नाम मेरा।

अगर ऐसे ही होता रहा काण्ड,
तो मिट जाएगा ब्रह्माण्ड।
आख़िर ऐसा क्यों होता है, संसार में?
क्यों बड़े होने का भाव है, अहंकार में?

जो भी इसका हल बताए,
वही तो सम्भल जाए।

मैं नितान्त अकेला

बचा हूँ,
मैं नितान्त अकेला,
क्योंकि मैंने लड़ी थी
लड़ाई वर्चस्व की।
मैं,
पीछे नहीं हटा,
रचने में षडयंत्र उनके विरुद्ध,
जो रहते थे शेषनाग की तरह,
छत्र किये हुए,
मेरे सर पर।
मैं पीछे नहीं हटा,
प्रयोग करने में चारों नीतियाँ,
(साम, दाम, दण्ड, भेद),
जो वास्तव में होती हैं, शत्रु के लिए।
मैंने अपनाई,
आंग्लनीति,
तोड़ने को उनका घर,
जो थे, मेरे मध्य-रात्रि के भी
दु:खानुगामी।

मैंने करना चाहा विनाश,
अपने ही परिजनों का,

क्योंकि मैं चाहता था,
स्थापित करना स्वयं को सबके बीच।
मैंने चलाए तलवार से भी घातक
शब्दबाण,
कर दिया उनका सिर,
धड़ से अलग,
और तड़पने को छोड़ दिया
सूखे बरगद की तरह।
उनके सहचरों को बनाया अपना मित्र,
और उनका शत्रु,
तोड़ दिया उनकी ही कमर,
जिनके रीढ़ के सहारे,
मैं खुद खड़ा था।

मेरी इस चाल को समझ गये, मेरे
कृत्रिम हितैषी।
वे समझ गये,
कल हमसे भी करेगा यही-
छल, कपट, धोखा, फरेब, जालसाजी,
ढकेल देगा हमें भी,
विषैले कुएँ में,
देकर लालच मीठे पानी का।

वे समझ गये,
सहज प्रवृत्ति मानव की,
"जो करता है किसी एक से कुटिलता
निज स्वार्थ हेतु,
वह नहीं छोड़ता किसी को भी
अपने चक्रव्यूह से।"

सब कर गये मुझसे किनारा,
बचा हूँ अब मैं बे-सहारा।
मेरे हाथ-पाँव अब ढीले हो गये हैं,
मेरी विषैली वाणी,
अब घी उँड़ेलना चाहती है,
किन्तु नहीं है कोई सुनने वाला।
मेरी दसों अँगुलियाँ,
एकत्र होकर,
गिड़गिड़ाना चाहती हैं,
पर कोई अब मुझे दुत्कारता भी नहीं।
लोग मुझे अब ताकते तक नहीं,
जबकि मैं पुनः बैठना चाहता हूँ,
उन्हीं के बीच,
जिन्हें मैंने बना लिया था,
अपना अनुगामी,

कुटिलता से।
मैं समझ गया,
नहीं देखेंगे वे मेरी तरफ,
क्योंकि

मैं हूँ..
स्वार्थी, कपटी, छली, विश्वासघाती,
आस्तीन का साँप, पाखण्डी, घमण्डी
अनन्त दुर्गुणों का आलय,
और न जानें क्या-क्या........??
मुझे
नहीं था पता,
मेरे दुष्कर्मों की सजा,
मेरे देखते,
यहीं मिल जाएगी।
अब क्या करूँ,
मैं?
हो गया हूँ,
असहाय,
नितान्त अकेला।

भीड़

यहाँ, वहाँ, जहाँ, तहाँ,
सब जगह लोगों का हुज़ूम है।
सड़क पर, खलिहान में,
सागर में, रेगिस्तान में, जाने में, अंजान में,
जमा हैं कई लोग समूह बनाकर।

घर, बाहर, सर्वत्र, किसी-न-किसी बहाने एकत्र,
कहीं भी कोई भी स्थान नहीं है ख़ाली।
पटा हुआ है, पृथ्वी का एक-एक कोना भीड़ से।

रोज लाखों जन्मते हैं-अस्पतालों में, घरों में,
कई तो कहीं भी।
कई अंकुरित होते हैं,
भारतीय संस्कृति में पाप बनकर,
कुछ,
या तो जन्मते ही नहीं, या मार दिये जाते हैं,
आँख खोलने के पहले,
नहीं तो शासन ने कर दिया है उपकार,
खोलकर अनाथालय।
इन्हें दूसरों का पाप भी कहा जाता है,
जिन्हें माना जाता है वासना का प्रतिफल,

दिन-रात जलती रहती है, हर श्मशान की धरती।

मरते हैं करोड़ों, किसी न किसी बहाने,

जिन्हें कर दिया जाता है, आग के हवाले,

या ज़मीदोज़ हो जाते हैं, साढ़े तीन गज ज़मीन के नीचे।

बन्दूकों से, तलवारों से, आत्मदाह से, अत्याचारों से।

कइयों के तो प्राण निकल जाते हैं,

रोटी की बाट जोहते।

पंचतत्व रोज बाँटते हैं और,

रोज पा जाते हैं, अपने अंश वापस।

अस्पतालों के हर वार्ड में कराहते,

सिसकते, मिल जाते हैं

कई लोग,

किसी को सिरदर्द, तो किसी को बुखार की,

हृदयरोग, शर्करा की अधिकता,

से लेकर हर प्रकार के मरीज़।

सरकारी अस्पतालों में तो ऐसा भी है,

कि खाली नहीं मिलते बिस्तर मरीज़ों को।

किसी को उल्टी-दस्त,

कोई यक्ष्मा से त्रस्त ,

कोई मिर्गी से खाया गस्त,

लेकर तबीयत पस्त,

पहुँचते हैं अस्पताल में प्रतिदिन।

बस में, ट्रेन में, प्लेन में, कार में,
साइकिल में करते हैं सफ़र प्रतिदिन,
उतने ही लोग जितने थे एक दिन पहले।
तिथि में, त्यौहार में, मेले में, बाज़ार में,
जंगल में, उद्यान में,
शोरूम में, दुकान में,
खड़े-बैठे, हँसते-बोलते, मिल जाते हैं लोग।
लोग-ही-लोग।

तिराहे पर, चौराहे पर, तीर्थ में, धर्मशाला,
स्टेडियम में, पाठशाला में,
हर जगह उतने ही लोग रहते हैं हर दिन।
शहरों के फुटपाथ पर ओढ़े हुए कम्बल,
या नंगे बदन,
सहन करते हैं कई लोग,
चमड़ी को जला देने वाली कड़ी धूप,
मूसलाधार बारिश, ओला और पाला।

यह प्रकृति का दो रूप ही है कि
विशिष्ट व्यक्ति वातानुकूलित भवनों
में बैठ कर भी
तड़पता है,
और ये 'नंगा',
खुले आसमान तले भी मस्ती में रहता है।

सभी मनुष्य भीड़ हैं,
कोई भी नहीं कह सकता,
अपने को अकेला,
क्योंकि वह भी किसी-न-किसी जगह,
बन जाता है भीड़ का हिस्सा।

यह सिलसिला नहीं होगा, कभी ख़त्म।
क्योंकि यह प्रकृति का नियम है,
सृष्टि में संसार,
संसार में मानव।
मानव हर रोज उपजता है,
और नष्ट होता है कीड़ों की तरह,
रोज-हर-रोज, दिन-प्रतिदिन।

मौत के मुहाने पर

आज फिर देखा किसी को,

मौत के मुहाने पर,

एक रोटी की तलाश में।

वह मेरा नहीं था, पर था किसी का अपना ही।

गर्मी के बारह बजे के अंगारों पर,

बे-पैरहन देह,

और

रेत की लपटों में बिना चप्पल,

गिड़गिड़ा रहा था, अपनी ताक़त के सामने,

जो दे रही थी जवाब जलकर।

विरहाग्नि में अपने प्रेमी अन्न के,

अन्न को कर रखा है क़ैद।

उसके कुरता-पाज़ामा, और सफ़ेद टोपी के नीचे,

काले बालों वाले पिता ने,

किसी गुप्त जगह पर, जो उसके गाँव से

है अनन्त दूर।

पता नहीं

इसमें बेवफा कौन था,

उसकी ताक़त,

या

अन्न?

लेकिन दोनों पाटों के बीच
पिस रहा था वह,
जिससे केवल गलती यह हुई
कि,
औलाद हुआ किसी मुफलिस बाप की।
उसका खामोश क्रन्दन दे रहा था सुनाई,
अपलक मेरी रक्तीली आँखों को,
धूप में जले काले बदन की पीठ में,
चिपकी भूखी अँतड़ियाँ,
और निराजल गर्दन से सट चुके गले में
अटकी साँसें,
खोज रही थीं राहें,
जिलाने को कुछ और पल उसे।
साँसें नहीं चाहती थीं,
सफ़ेद-पोश, लाल-फीताशाहियों का पाप लेना अपने सिर पर।

शायद खून भी निकलता उसकी देह से,
पर,
खून तो पहले ही चूस रखा था,
बड़ी तोंद और खद्दरों ने, अपने
सियारी-दाँतों से।

अब वह एक रोटी पाकर ही,
चाहता था मुक्ति पूरी गरीबी से।
आँखों ने देखा
उस
तपते वीराने में रोटी तो नहीं आई,
पर
यमराज ज़रूर आया,
और वह पूर्ण मुक्त हो गया, इस जन्म की
गरीबी से।

पहल

उन्होंने कहा,
पहल करो, किसी पहल के लिए।
मैंने भी सोचा,
जरूर कोई पहल होनी चाहिए,
एक अच्छी पहल के लिए।
मस्तिष्क जद्दोजहद में था
कि
किस पहल पर करूँ पहल ?
एक रोटी की पहल करने वाले
कलुआ की,
या
दिन-दहाड़े कइयों के हवस की मारी,
किसी सीमा, रेखा या रज़िया की,
जिनकी जन्म-जन्मान्तरों से
उघड़ी देह को ढँकने के
लिए,
नहीं हुई आज तक एक
चिथड़े की भी पहल ?

क्या मेरी पहल से होगी
कोई पहल
वहाँ ?

जहाँ की पहल से रहती है पूरे देश में
चहल-पहल।
क्योंकि मेरी पहल की पहुँच
नहीं है उतनी ऊपर तक
कि
कोई
तकल्लुफ भी करे पहल की।

पहल तो की जाती है,
उन पहलों पर,
जिनकी पहल होती है,
वातानुकूलित भवनों में,
और ख़त्म हो जाती है,
जूतम-पैजार की पहल में,
हमारी ही पहल से पैदा हुए,
पहलुओं के।
तू-तू, मैं-मैं की पहल से,
गिरेबान की खींचातानी,
फिर एक-दूसरे की,
माँ-बहनों से मौखिक अनैतिक सम्बन्धों
की बारिश का अन्त होता है,
चरण-पादुका रूपी ओलों के प्रहारों की पहल से।
फिर

पहल करता है मीडिया
शर्म महसूस करने की,
जिसे घोंटकर ,
पी चुके हैं शर्म-सागर के गोताखोर,
बैठकर सर्वोच्च भारत-भवन में।
बदल जाता है मुद्दा पहल का,
फिर पहल होने लगती है,
किसी और पहल की।

धरणी-पुत्र की उद्धारक पहल
हो जाती है दफ़न,
जूतों की पहल से,
और
हवा में मटरगश्ती करते
सुनाई देते हैं,
हवामहल में पहल किये गए
नेताओं के
हवाई पहल।
कलुआ के लिए की गई
पहल को कर दिया जाता है,
स्थगित,
अनिश्चितकाल के लिए,
क्योंकि
जूता रूपी
आवश्यक पहल पर,
सबसे पहले ध्यानाकर्षण किया गया था।

मध्यस्थ

आईना मुझे दिखा,

क्यों धड़कता है मेरा दिल हर किसी के लिए?

मैं खड़ा हूँ दो राहे पर,

मिला रहा हूँ, हर किसी की नज़र-से-नज़र।

कोई कहता है मुझे एक जिन्दादिल इंसान,

किसी की नज़र में हूँ, एक लोटा,

जो लुढ़क जाता है, किसी भी दिशा में।

आईने!

दुश्मनों से भी कर लेता हूँ दोस्ती,

'दोस्त' हो जाते हैं खफा।

फिर बरसने लगते हैं अंगारे दोनों ओर से,

क्योंकि

दुश्मन नहीं आते बाज़ अपनी हरकतों से।

दोस्त भी कर जाते हैं किनारा,

और मैं बस यही कहता हूँ,

"हे ईश्वर! इन्हें माफ़ करना, ये नहीं जानते कि ये क्या कर रहे हैं?"

मैं जीना चाहता हूँ, संसार के लिए,

और दुनिया मुझे बाँट रही है,

अपने-अपने मतलब से।

मंजिल है मुझे पता,

रास्ता भी दिख रहा,

मगर फितरत है कि हिलने नहीं देती,

और खड़ा रह जाता हूँ, उसी जगह पर।

क्या हर संघर्ष करने वाला,

जो खड़ा है दो राहे पर,

और कर रहा है, अपना पल-पल समर्पित

दूसरों के हित में,

उसे फिर खानी पड़ेगी गोली, किसी नाथूराम की ?

कवि की बात काँटे-सी

क्षमा करना मित्रों !

आपको खलती है मेरी बात।

क्योंकि मैं कहता हूँ

सत्य।

सत्य, जिसमें होता है स्वाद, नीम-करेले का।

सत्य, जो देता है पीड़ा, तीव्र हृदय-गति की धौंकनी-सा।

हमारी जाति ही ऐसी है,

जो कहती है खरी बात।

हमारा एक शब्द होता है, जन्मदाता

कई अर्थों का।

तभी तो 'बिहारी' बने 'गागर के सागर',

आप हमारे पाठक,

करते हैं

हमारी पंक्तियों का विश्लेषण

अपने ढंग से,

और ढाल लेते हैं, अपनी परिस्थिति में।

कई बार जब हम याद दिलाते,

किसी दूसरे की औकात,

तब आप बजाते हैं तालियाँ, दुन्दुभी की तरह,

और कई बार आपको होती है पीड़ा असहनीय,

क्योंकि समझ लेते हैं आप उसे,

अपना मान-मर्दन।

खैर, इसमें नहीं है कोई दोष
आपका या हमारा।
इसका दोषी है समय,
जो गढ़ता है ऐसे वातावरण,
और उस वातावरण के रचनाकार होते हैं,
आप,
स्वयं।

कीचड़ में कमल

मैंने देखा एक तालाब,

उसमें खिले थे कई कमल।

बे-हिचक कर गया प्रवेश मैं उस सरोवर में,

तोड़ने एक फूल।

लेकिन ये क्या?

इसमें तो कीचड-ही-कीचड़ है।

मन ने मुझे समझाया,

बेटा!

कमल कीचड़ में ही खिलते हैं।

थोड़ा आत्मविश्वास जगा,

सोचा! एक डुबकी लगा लूँ,

फिर बढ़ाऊँ चरण अष्टदल की ओर।

किन्तु जैसे ही डुबकी लगाया,

तो समझ में आया,

यहाँ एक नहीं, लगभग कई मछलियाँ मरकर सड़ चुकी हैं।

जिनसे फैली है सड़ांध पूरे सरोवर में।

ओ हो! मेरी तो नासिका ही फटी जा रही है, इस दुर्गन्ध से।

कीच का कमल तो होता है सुगन्धित,

किन्तु क्या सड़ी हुई मछलियों के बीच का भी

कमल होगा सुगन्धित?

कभी नहीं...।

तो?

अब,

करूँगा पानी में रहके मगर से बैर,

फेकूँगा बाहर सारी सड़ी मछलियों को,

करूँगा परिमार्जित इस सर जल को।

तब पुनः अरविन्द बिखेरेगा अपना सौरभ,

और करेगा आकर्षित जन-जन को अपनी ओर,

तब केवल मेरे ही नहीं,

कइयों के चरण बढ़ेंगे, कमल की तरफ,

जो खिलता है कीचड़ में,

किन्तु महकता है,

अनन्त गगन में।

एक कुत्ते की मौत

एक
सबसे निष्ठावान प्राणी,
'कुत्ता'।
पाते ही आहट रात में
शुरू कर देता है अपनी
'भौं-भौं'।
यह जानकर,
कि अवश्य आया है कोई,
जो
मेरे स्वामी के लिए है
घातक।
वह नहीं सोचता कभी भी,
कि उसकी इस भौं की ध्वनि से,
वह धो लेगा अपने ही जीवन से हाथ,
पर नहीं लेता दम,
तब तक
जब तक भगा न दे शत्रु को,
या
तज न दे निज जीवन।

"श्वान निद्रा" रूपी आदर्श को,
शास्त्रों ने भी दी है

विशेष मान्यता,

अपने श्लोकों में।

कर्तव्य परायणता को,

पहुँचाया है चरम पर, भारतीय चित्रपट ने,

चलचित्र 'तेरी मेहरबानियाँ' से।

नहीं पहुँचते कानून के हाथ जहाँ,

वहाँ,

पानी में भी डूबे अपराधी को लेता है पकड़,

अपनी घ्राण शक्ति से।

किसी के भी एक टुकड़े पर,

उठा लेता है दायित्व दाता की सुरक्षा का भार,

और,

ले लेता है 'शपथ' मन ही मन,

बिना किसी ध्वज या धर्म ग्रन्थ के,

और

करता है शपथपूर्ण प्राण-प्रण से।

ज्योतिषियों की भाँति,

करता है भविष्यवाणी आपदाओं की।

'ऊँ-आँ-ऊँ' की कर्कश ध्वनि से,

श्वान-समाज एक साथ।

खाली कर जाता है मनुष्य,

कई बार पाकर सूना घर,

प्रत्यक्ष में निकटस्थ का देकर वास्ता।

किन्तु,

यह नहीं लाँघता कभी भी,

अपनी सीमा-रेखा,

जब तक आहट न पा जाय गृहस्वामी की।

पामेलियन, विलायती, जर्मन शेफर्ड,

शहरी और देसी कुत्ता

जाना जाता है,

इन प्रजातियों के नाम से।

शेरू, गबरू, कालू, झबरू,

ग्रामीण मालिकों से होता है नामांकित,

सोनू, मोनू, टॉमी, डॉगी

बड़े मालिकों के बच्चों की तरह

बड़ा कुता।

अपने नामकरण पर मुस्काता है,

मन-ही-मन और सोचता है,

आज नाम में मैंने कर ली है,

बराबरी,

और मेरा मालिक

करने लगा है मेरे जैसे काम,

'पीकर शराब'।

यानी मैं चार, और मेरा मालिक

दो पैरों वाला,

कुत्ता।

उच्चवर्गीय टॉमी,

खाता है ब्रेड, बिस्किट, फल, साबूदाने की खिचड़ी,

और रहता है मालिक के साथ मेहमान बनकर,

और

नागार्जुन की कानी कुतिया,

सोई रहती है चूल्हे में, भूखे पेट

अपने मालिक की तरह।

लेकिन एक दिन इसी कर्तव्यनिष्ठ की,

आयु ढली नहीं

कि

मार दिया जाता है

देकर धीमा विष।

रोगी और पागल पर तो कर दिया जाता है,

प्रहार निर्दयता से।

कुछ मरते हैं अपनी आयु जीकर,

और

मरणोपरान्त

नहीं नसीब होती उसे एक सुकून की मिट्टी भी।

फेंक दिया जाता है,

सदैव मृत कुत्तों को सड़कों

पर,

जितेन्द्र देव पाण्डेय 'विद्यार्थी'

प्रेमचन्द के दुखिया-सा ।
अनगिन वाहनों के चक्रों तले पिसकर,
पा जाता है सद्गति,
अपने आजीवन वफादारी से ।

औरों के माँस तो खा लेती हैं
गिद्धें,
किन्तु
नहीं फटकतीं,
इस अनोखे ईमानदार के पार्थिव के पास भी ।
दुर्गन्ध से फट जाये भले नासिका,
या हो जाय वमन ही,
किन्तु,
नहीं लगाता कोई भी प्राणी अपना हाथ,
नहीं देता कन्धा इसकी निष्ठा को ।

इसके उद्धारक, छोटे-छोटे, कीड़े-मकौड़े,
या चींटियाँ भी चढ़ जाती हैं,
भेंट वायु-गति के वाहनों की ।
सड़क पर पड़ा उसका शव,
रौंदता जाता है लगातार,
बसों से, ट्रकों से, मोटर साइकिल, कारों और कई वाहनों से,
और पहुँच जाता है,
पवित्र घर के आँगनों में,
छोटे-छोटे लोथड़ों के रूप में ।

वाहनों के सहारे पहुँच जाता है इसका विक्षिप्त माँस,
चारों दिशाओं में,
और हो जाता है विलीन,
पंचतत्व में पूर्णतः ।
धीरे-धीरे
वसुन्धरा स्वतः ही समाहित कर लेती है,
इसे अपने गर्भ में,
और
यह हो जाता है दफन,
बिना किसी कलमा या मंत्र के ।

मरने के बाद,
होता है घोर तिरस्कृत एक कुत्ता ।
जीते जी लाख प्यार और सम्मान के पश्चात्,
मरता है एक कुत्ता,
होती है मौत एक कुत्ते की ही ।
तभी तो सब कहते हैं,
तुझे कुत्ते की मौत मारूँगा ।
किन्तु,
कोई यह नहीं कहता,
'मैं'
बनूँगा कुत्ते जैसा निष्ठावान,
और मरूँगा एक
कुत्ते की मौत ।

स्वदर्शन

मैं व्यथित हूँ,

क्योंकि मुझे आभासित होती हैं व्यथाएँ,

भाँति-भाँति की ।

हर प्रक्रिया श्वसन की,

होती है

समाहित, किसी न किसी पीड़ा के साथ ।

आपादमस्तक बना ही है मेरा मात्र हेतु कष्ट के,

जिसमें वेदनाएँ क्षण, प्रति क्षण करती हैं प्रभावित,

उस सूक्ष्मतम इकाई को जिसे भुगत रहा हूँ,

मात्र मैं ही संसार में अकेले ।

बन गई है,

मेरी यह समझ नित्य की ।

राग-द्वेष का प्रदेश,

यह मन रहता है सदैव व्याकुल,

और भटकता रहता है

लोक-परलोक,

पण्डित, पादरी, मुल्लाओं के पास,

कि

मिटा सकें वे इसका सन्ताप,

किन्तु

निरीह, असफल लौट आता है अपने इन्हीं,

शत्रुओं के मध्य।
चंचल मन
अनगिनत इच्छाओं, कामनाओं और वासनाओं की
पैजनी बाँधे,
आसक्ति और तिरस्कार की थाप पर,
करता रहता है नर्तन आठों याम,
मीठी-तीखी सम्वेदनाओं के रूप में कराता है सुरापान,
और मैं कष्ट भोगी,
लड़खड़ाता, डगमगाता
अश्रु और प्रसन्नता के पथ पर चल रहा हूँ,
चलता ही जा रहा हूँ
निरन्तर।

मैं व्यथित हूँ,
क्योंकि मैंने किया नहीं स्वदर्शन,
जो होता है विशिष्ट प्रकार से इस कायाकल्प का।
अनन्त पीड़ाओं से मुक्ति के इस मार्ग में,
नहीं पड़ती आवश्यकता भौतिक नेत्रों की,
न ही,
किसी शब्द, नाम, या चित्र किसी उपास्य का।
बस अन्तः नयनों से दृश्य हो जाता है,
पोर-पोर साढ़े तीन कर माप का।

उत्पाद और व्यय रूपी गतियाँ,
हो जाती हैं आभासित सूक्ष्मतम सम्वेदनाओं की।
पता चल जाता है विधि का विधान।
मन और अन्तः हो जाते हैं दोनों स्थिरप्रज्ञ,
और मिल जाता है छुटकारा,
सहस्र जाति कर्मों से।

जीवन की ज्यामिति

जीवन

समान है,

गणित के उस

तीन सौ साठ अंश की रेखा के,

जो,

अनन्त की यात्रा में,

नब्बे अंश के उत्थान से लेकर,

एक सौ अस्सी अंश के पतन तक के कोंण,

करता है निर्मित अपने ही ऊपर।

यह

रचता है,

सम्पन्नता के समकोण,

व

विषमकोण विपन्नता के भी अपनी ही देह पर।

यह निर्माता है,

कर्तव्य, साहस व परायणता

के त्रिभुज का।

यह रचनाकार है

धैर्य, धर्म, मित्र व नारी

के चतुर्भुज

और

विकर्ण,

साधन और समग्रता का भी।

जो एक- दूसरे को विच्छेद तो करते हैं,

किन्तु

योजित किये रहते हैं,

सभी भुजाओं को।

और देते हैं शुद्ध परिमापन,

सम्पूर्ण चतुर्भुज का।

'रेखा',

नहीं होती विचलित

तब भी,

जब

करती है वार कोई तिर्यक रेखा,

विकट परिस्थिति की।

उस तिरछे आक्रमण से,

इस अनन्त-यात्री पर,

जहाँ एक ओर बनता है,

बीस अंश के अक्षमता, व निर्बलता का न्यून कोंण

वहीं, 'सक्षमता और समर्थता'

एक सौ साठ अंश का अधिक कोण बनाए,

प्रशस्त करती हैं मार्ग,

लक्ष्य प्राप्ति का।

एक सूक्ष्म बिन्दु के गर्भ से जन्मी,

असीम आकांक्षा को,

पाने के लिए,

दौड़ रही है
अनवरत, निरन्तर
एक रेखा,
जीवन के ज्यामिति की।

ग़रीबी का आईना

मैं जब भी देखता हूँ शीशा।
उसमें दिखती है,
मेरी
ग़रीबी, मेरा दर्द, मेरी टीस,
ज़माने भर की दुत्कार।
मेरे चेहरे की झुर्रियाँ,
दिखाती हैं मेरी मौत को और भी क़रीब।

फटे हुए कपड़ों के बीच झलकता हुआ,
मेरी बेटी का नंगा बदन,
जिस पर,
कुत्तों की तरह नज़र गड़ाए हुए थे लोग,
और
नोच डाला उसके जिस्म को,
मरी गाय की तरह।
भूख से तड़पकर मरता हुआ मेरा बेटा,
और बिना कफ़न के उसका जनाज़ा।

मेरी मुफ़लिसी से तंग आकर,
जले हुए बदन पर, फफोलों भरी लाश,
मेरी बीवी की।

मेरी नाक, आँख, कान,
मेरा चेहरा, या मेरे बाल,
जिनके लिए,
मैं देखता हूँ इसे।
वे तो ख़त्म हो गये बचपन में ही,
मेरे पिता की मौत के साथ।
जब चाबुकों की फटकार पड़ी थी
ठेकेदार की।

मेरे दिल का ज़ख़्म अब नासूर बन गया है।
ऐ आईने!
अब
तू टूट जा,
अपनी नोकों से,
छलनी-छलनी कर दे मेरा सीना,
और कर दे मुझे,
ख़ुदा के हवाले।

प्रलय का सामीप्य

समुद्र आग है,

हिमालय मरुस्थल है,

वनस्थलों में तीखी धूप है,

जाड़ों में लू का ताप है,

पहाड़ों पर खाइयाँ हैं,

पृथ्वी रसातल में है,

चाँद जलता अंगारा,

सूरज अपने चरम पर है।

बादल बारिश का नाम सुनकर भाग रहे हैं।

नदियाँ रेत हैं,

कुएँ में सिर्फ मेंढक हैं,

तालाब खेल के मैदान हैं,

मछलियाँ टापू पर रहती हैं,

चापाकल का चबूतरा ताश का अड्डा है।

नल के टोटे प्रदर्शनी हैं,

मटके संग्रहालय में संस्कृति के धरोहर हैं,

मन की शुद्धि में पूर्ण स्नान का भाव है।

आदमी मृगमारीचिका है,

पिचकारी बन्दूक है,

एक बूँद के लिए जीवित हो जाता है वीभत्स इतिहास युद्ध का।

कपड़े के निचोड़न से साफ हो जाती है सब्जी,

ट्रेनों के नीचे का पानी परिष्कृत है।

संसार चमकदार विकास है,

वन शहर है,

नमक की क्यारियाँ शमशान हैं,

चिड़ियाघरों में सभ्यता विकसित हो गई है,

मनुष्य पशुवत और पशु मनुष्य हो गये हैं,

शेर शाकाहारी है,

जानवर खिलौने हैं,

मकड़ी अपने जाल में उलझती जा रही है,

अब उसका विनाश निश्चित है।

अपेक्षाओं के बोझ तले बचपन

टिका है,
भविष्य देश का
मेरे कन्धों पर ।
मैं हूँ आशा की किरण
अपने
माता-पिता, दादा-दादी, पास-पड़ोस, विद्यालय,
शिक्षक, सहपाठियों,
और न जाने कितने मेरे जानने वालों की ।
मुझसे ही हैं अपेक्षाएँ
उद्धार की ।

मैं
बनूँगा
डॉक्टर, इंजीनियर, वकील, फौजी,
अध्यापक, समाजसेवी, नेता ।

मेरा नाम है
राम, कृष्ण, यीशु, बुद्ध, मोहम्मद, नानक,
सुभाष, गाँधी, भगत ।

मैं
करूँगा स्थापित,

सभ्य, सुशील, भाई-चारे, सत्य, अहिंसा,
विक्रमादित्य और राम जैसा राज्य।
नाश करूँगा!
'मैं ही,'
पाप, अत्याचार, हिंसा, भ्रष्टाचार का।

मुझमें ही,
दृश्य होने लगे हैं,
प्लेटो, अरस्तू, न्युटन, भाभा, डार्विन,
आइन्स्टीन, पाइथागोरस।

मुझे ही
समझा जा रहा है
प्रेमचन्द, तुलसीदास, शेक्सपियर, शोफोक्लीज़, मीरा,
चेखेव, मंटो, इस्मत, निराला, वाल्मीकि।

मैं
लाऊँगा बदलाव समाज में,
राजाराम मोहन राय, दयानन्द,
सरोजिनी, निवेदिता, विवेकानन्द-सा।

मैं
बंगाली, मराठी, आसामी, उत्तरी-दक्षिणी
अमेरिकी, फ़्रांसिसी हूँ।
मैं
हिन्दु हूँ, मुसलमान हूँ, यहूदी हूँ, ब्राह्मण हूँ,
गोरा हूँ, काला हूँ, दलित हूँ।

मैं ही हूँ,
कार्ल मार्क्स, लेनिन, माउत्सतुंग भी।
नेपोलियन, सिकन्दर, अशोक, चन्द्रगुप्त, अकबर,
लिंकन विक्टोरिया, और लक्ष्मीबाई भी मैं ही हूँ।

मुझमें ही देखे जाते हैं,
फाल्के, रफ़ी, लता, अमिताभ,
शाहरुख़, मधुबाला, शकीरा, कैट, ऐश्वर्या।

मैं हूँ खिलाड़ी,
ब्रैडमन, रोनाल्डो, पोलो, तेंदुलकर, ध्यानचन्द,
विश्वनाथन, विलियम्सन, साइना, सानिया-सा।

मैं ही हूँ
प्रखर पत्रकार,
भारतेन्दु, हिक्की, माखनलाल,
और विद्यार्थी जैसा।

आह !

मेरा तो टूटा जा रहा है कन्धा,

इतने बोझ से।

मेरा कन्दुक जैसा मस्तिष्क,

और

पूरा ब्रह्माण्ड समाहित हो रहा है मुझमें।

नहीं, ऐसा मत करो,

अन्यथा

मैं हो जाऊँगा;

पागल, चिड़चिड़ा, गुस्सैल, डरपोक

और भी कई मानसिक बीमारियों का शिकार।

'मैं'

अभी नहीं पढ़ पाऊँगा;

कुरान, बाइबिल, रामचरित मानस, गीता, ग्रन्थ साहिब।

न ही

पढ़ सकता

कलमा, न ही कर सकता प्रेयर,

नहीं है क्षमता बजाने को शंख अभी।

मुझे तो अभी चाहिए

नन्दन, चम्पक, कॉमिक्स, डिज़्नी,

बालहंस, कार्टून नेटवर्क और गिल्ली-डण्डा।

सुनो !

मैं खेलना चाहता हूँ,

कंचे, लुका-छिपी, चोर-सिपाही, बर्फ-पानी,

रचाना चाहता हूँ, 'शादी अपनी गुड़िया की' ।

नचाना चाहता हूँ, लट्टू,

उड़ाना चाहता हूँ पतंग ।

'मैं'

खेलना चाहता हूँ,

छम-छम करती बूँदों के साथ ।

छिप जाना चाहता हूँ झाड़ियों में,

हो जाना चाहता हूँ, ओझल माँ की नज़रों से ।

चुपके से मिल जाना चाहता हूँ,

फिर अपने;

चुल्ली, सिम्पू, प्रिंस, टंटू, मोनू, टिन्ना और सिंजा से ।

'मैं'

खेल-ही-खेल में

बना देता हूँ,

हवाई जहाज ओरविल-विलवर का,

जेम्सवाट की रेलगाड़ी, ग्राहमबेल का टेलीफोन ।

बड़े-बड़े बाँध, मैं धूल से ही बना देता हूँ, इंजीनियर की तरह ।

रामानुजन के सवालों को, चुटकियों में हल कर देता हूँ,

जब पूछता है, मेरा गोलू मुझसे ।

जीवन-समर

पलकारों से भी अधिक, प्रश्नों का भण्डार हूँ मैं, अपने आप में।

मैं भी लगा लेता हूँ निशाना; अर्जुन की तरह।

अपने खाने की वस्तु को,

स्वतः ही दे देता हूँ कर्ण और हरिश्चन्द जैसे महादानियों को।

लेकिन

मेरे

हाथों को डण्डे का प्रहार नहीं

खिलौना चाहिए।

मेरे गालों पर तमाचा नहीं, प्यार भरी पुचकार चाहिए।

मुझे डाँट नहीं, उत्साहवर्धन चाहिए।

मुझे पिंजरे का बन्धन नहीं,

पंछियों सा स्वच्छन्द आसमान चाहिए।

फिर देखना !

मैं बढ़ूँगा,

यूकेलिप्टस के पेड़ सा सीधा,

लहराऊँगा परचम, अनन्त आसमान में, तिरंगा जैसा।

मैं यही कहना चाहता हूँ,

अभी,

मत लादो बोझ अपनी महत्वाकांक्षाओं का,

मेरी उच्छृंखलताओं पर।

नहीं तो मैं बिखर जाऊँगा, सरसों के दाने सा।

मत दफ़न करो, आँख खोलने से पहले, मेरे
बचपन को।

बेकार

दीन-दुनिया से बेखबर एक इंसान,
करता है वही जो केवल उसे है पसन्द।
उसकी चर्या का भागीदार भी होता है मात्र वही अकेले,
जिसके कारण कहा जाता है उसे मनमानी।
किसी दूसरे की पसन्द, या नापसन्द की नहीं है,
उसे कोई परवाह,
इसीलिए है वह बेहद सख़्त, लोगों की नज़र में।

सच्चाई को प्रकट करने के लिए
अपनी तीक्ष्ण वाणी के प्रहार से,
छलनी कर देता है किसी का भी कलेजा,
चाहे वह हो कितना भी घनिष्ठ।
किसी और के सुख-दुःख में शामिल होने का,
नहीं करता दिखावा,
जिसके कारण माना जाता है,
समाज का एक निर्दयी व्यक्ति।
अपने जीवन या मरण का,
कभी नहीं रखता ख्याल,
और रहता है सदैव मस्त अपनी
रामधुन में, बनाकर चाहरदीवारी,
आदर्शों और सिद्धान्तों की।
इसी चार-बाई-चार के कमरे में,

बसाता है अपनी गृहस्थी,

और घिरा रहता है,

कूड़े-करकटों, किताबों, धूल और मिट्टियों के मध्य।

उसका श्रृंगार भी होता है

अजीबो-गरीब।

जो है,

चमकदार दुनिया के ठीक विपरीत।

उसके मुखमण्डल पर सौन्दर्यमान होती है,

उसकी मैली-कुचैली घिनौनी सी,

दीख पड़ने वाली दाढ़ी।

ऐसे ही लम्बे घने बाल,

और महीनों पहले धुला हुआ कुचैला कपड़ा।

दुनिया जिसे मानती है सुन्दरता,

उसे बनाने में उसे समझ आती है बर्बादी वक़्त की।

उसके लिए नहीं है कोई भी घनिष्ठ,

चाहे वे हों माता-पिता, वनिता या बेटा।

किसी के मरण पर, नहीं बहाता अनायास आँसू,

नहीं थिरकते पाँव उसके, किसी के आगमन पर।

लालच या महत्वाकांक्षा तो स्पर्श भी नहीं कर पाती,

क्योंकि उसका समुद्र सदैव रहता है उसके पास।

नहीं होतीं उसके पास मीठी बातें रिझाने वाली,
न ही खर्चने को मोटी रक़म।
उसके पास होती हैं बातें,
बड़े-बड़े आदर्शों, सिद्धान्तों की,
जिसे पचा सकता है माल वही।
इसीलिए नहीं बैठना पसन्द करता कोई
उसके साथ, लम्बे समय तक।
कर देता है नीरस अपनी ख़ामोशी,
या वाचालपन से ही साथ रहने वालों को,
यही कारण है कि नहीं बन पाता वह किसी की पसन्द।

ऐसा नहीं की उसे किसी से प्रेम नहीं है,
प्रेम तो करता है,
लेकिन विचारों के सागर में गोते लगाने वाला,
भावनाओं के दरिया में कूदना नहीं चाहता।

लेकिन जाने-अनजाने,
कभी
हो जाता है उससे भी यह अपराध,
क्योंकि वह है प्रकृति-प्रेमी,
और मनुष्य भी है इसी का एक अंश,
अतः कूद पड़ता है दुनियादारी की खाई में।

तब लोग समझने लगते हैं,
उसे एक बेबस इंसान,

जिसे तलाश है किसी के साथ की,
और पहुँचाने लगते हैं ठेस उसके स्वाभिमान को ।
किसी की मदद करने पर,
समझने लगते हैं उसकी लाचारी ।
किसी के साथ रहने पर,
किसी का साथ देने पर,
कहा जाता है उसे गुलाम ।
लोग नहीं देते उसे समय,
क्योंकि
समझते हैं उसे,
बेकार, नीरस, असामाजिक, गँवार ।

शूल की तरह चुभ जाती हैं,
यह बातें उसके हृदय में,
और तब धधक उठती है लौ,
उसके आत्मा की ।
मन से परास्त आत्मा,
पुनः जीत लेती है स्वयं को,
और फिर मोड़ देती है उसी मार्ग पर,
जहाँ से भटककर चला आया था यहाँ ।
शुरू कर देता है अपना बेरुखापन,
नतीजन,
धीरे-धीरे लोग करने लगते हैं उससे किनारा,
और
फेंक देते हैं उसे, दूध में पड़ी मक्खी की तरह ।

प्रारम्भ होने लगता है उसका वही एकाकी जीवन,

जिसमें जिया करता था वह कभी।

लोग खाने लगते हैं उस पर तरस,

और देने लगते हैं उसे सहानुभूति।

दुनिया में बचती हैं, मात्र उसकी औपचारिकताएँ,

और

अपने पुरानी धुन में मस्त

अकेले ही,

चलता ही जाता है, चलता ही जाता है, चलता ही जाता है,

और हो जाता है निर्वाण,

जो रह जाता है गुमनाम,

जिसे दिया जाता है नाम,

'भुवनेश्वर की मौत'।

यही है अस्थिर, परिवर्तनशील दुनिया में

उसकी प्रकृति,

उसकी प्रवृत्ति,

उसका स्वभाव,

उसका आचरण,

उसका मट-मैला जीवन,

जो है स्थिर,

अपरिवर्तनीय,

जिसे नहीं करता कोई और पसन्द,

न ही वह किसी और को।

लाशें खाना नहीं खातीं

वह बहुत प्यासा था,
भूख से भी तड़प रहा था,
शायद वह ईद के चाँद की
तलाश कर कर रहा था।
ईद का चाँद?
क्या तुम्हें मन्नत माँगनी है?
हाँ!
मैं ईद के चाँद की तलाश में हूँ,
पर माँगने के लिए नहीं।
मन्नत के लिए,
ज़बान में,
ताक़त भी तो होनी चाहिए, न बाबू साहब?
एक वक़्त की रोटी।
पता है आपको?
नहीं न?
यही तो मेरे 'ईद का चाँद' है,
जो कभी-कभी ही नज़र आता है।
साल भर में मेरे कितने रमजान हो जाते हैं?
यह तो मुझे भी नहीं पता,
आप मन्नत माँगने के लिए कह रहे हैं।

वह फूसों का ढेर देख रहे हैं आप?
मैं वहीं रहता हूँ।
वहीं मेरा घर है।

पूरा परिवार जब पूरी तरह सो चुका,
तब मैं जीने के लिए,
बाहर आया हूँ।

सुना है,
आप लोग चाँद पर पहुँच गये हैं,
जो बहुत दूर है,
पर मेरे लिए तो एक कण दाना ही चाँद है।
कृष्ण के पिता ने,
थाली में चाँद दिखा कर,
उसे फुसला लिया था,
पर हम रूठें भी तो किसके सामने?

अब उसकी सें-सें की आवाज़
आने लगी थी।
'बाबू साहब'!
आप लोग तो पानी भी खरीदते हैं,
क्या एक बूँद मयस्सर होगा?
मैं उसे वहीं छोड़ भागा।
आधे घण्टे बाद पहुँचा,
खाने का कुछ सामान लेकर उसके घर में।
मेरा सब कुछ धरा का धरा रह गया,
क्योंकि
'लाशें खाना नहीं खातीं'।

अन्तः-मन

मन-मैं दुनिया में हूँ, यही क्या कम है?
लेकिन क्यों हूँ, इसका भ्रम है?
अन्तः-तुम दुनिया में हो, यही क्या कम है?
तुम हो क्योंकि साथ तुम्हारे श्रम है।

मन- उद्देश्य बड़ा या जीवन?
भटकूँ कब तक मैं वन-वन?
अन्तः-ध्येय ही तो जीवन का मूल है,
लक्ष्यहीन साँस चुभती जैसे शूल है।

मन - है कौन दिशा जिस ओर चलूँ मैं?
जीवन की सार्थकता पर पलूँ मैं।
अन्तः-तुम्हारी अभिरुचि जहाँ पुकारे,
दौड़े जाओ उसके द्वारे।

मन- घिसटने की है उम्र कहाँ तक?
थकने लगा हूँ, पहुँच यहाँ तक।
अन्तः-सन्तोष न होगा हृदय में जब तक,
भागते फिरोगे जीवन में तब तक।

मन- तो क्या मैं सन्तुष्टि का वरण करूँ?
जीवन का विस्तरण करूँ?
अन्तः-हैं मार्ग तुम्हारे पास सभी,
बस इनको समझा करो कभी।

मन-तो क्या मारूँ मैं भावनाओं को?
कुचल दूँ उच्चाकांक्षाओं को?
अन्तः-है क्षमता तो कर डालो,
पर पहले समझो और देखो-भालो।

मन- क्यों जालों में उलझाते हो?
स्पष्ट नहीं बतलाते हो?
अन्तः- जीवन ही एक पहेली है,
समझो इसको तो सहेली है।

मन-अब क्या मैं तुमसे बात करूँ?
अपना समय बरबाद करूँ।
अन्तः-बस यही मुझे समझाना था,
आगे तुम्हें बढ़ाना था।

ना लो किसी से तुम सलाह,
बस पकड़ लो जीवन की राह।
पुष्प न मिले तो शूल ही सही,
जीवन में एक भूल ही सही।

हर भूल में एक शिक्षा होगी,
और कठिन परीक्षा होगी।
पर मार्ग तुम्हारा अपना होगा,
नहीं किसी से दबना होगा।

जीवन के आयाम

ज़िन्दगी तो ज़िन्दगी है 'विद्यार्थी' !
ख़ुशी की हो
या ग़म की,
सूखे की हो
या नम की,
अधिक की हो
या कम की,
सबसे एक ही शब्द निकलता है,
'चाह' !

मज़ा तो मज़ा होता है 'विद्यार्थी' !
दिन का हो
या शाम का,
पानी का हो
या जाम का,
फ़ुर्सत का हो
या काम का,
सबसे एक ही शब्द निकलता है,
'वाह' !

दर्द तो दर्द होता है 'विद्यार्थी' !
अपनों का हो,
या परायों का,
आग का हो
या हवाओं का,
बहारों का हो
या खिज़ाओं का,
सबसे एक ही शब्द निकलता है
'आह' !

हैपी हग डे

आज 'हग' दो।

फिर साल भर इन्तज़ार करना पड़ेगा।

प्रेमिका की बाँहों में,

लिपटकर हगो।

धीरे-धीरे हगो या झपटकर हगो,

पर खूब हगो।

'हग' का भी अपना एक अलग ही आनन्द है।

कामदेव भी आज के दिन

लजा-लजा कर हग रहे होंगे,

और रति भी,

किन्तु आज दोनों हगेंगे।

बाग़ में, बगीचा में, घर में, दूकान में

अगवाड़े में-पिछवाड़े में,

झाड़ी में, झुरमुट में

अरहर के खेत में,

गेहूँ के खलिहान में,

आरी में, मेड़ में

छुप कर हगो।

चाहे वर्तमान या

खुली संस्कृति के अनुसार,

अगर कंज़र्वेटिव नहीं हो तो,

खुलेआम सड़कों पर,

माता-पिता के सामने,

बड़ों के सम्मान में,

कालेज प्रांगण में,

कक्षा में, घर के आँगन में,

छात्र शिक्षकों के सामने,

और शिक्षक छात्रों के सामने,

बस हग डालो।

बैठ के हगो,

खड़े-खड़े हगो,

लेट कर हगो,

झुक कर हगो,

पर आज के दिन ज़रूर हगो।

चूम-चूम के हगिये,

झूम-झूम के हगिये,

काँख-काँख के हगिये,

पाँख-पाँख के हगिये।

कई दिनों बाद वाले,

अपने साथ टिशू-शुशू

पेपर ज़रूर रखना।

न जाने, फुर्क़तों का पानी,

कितना निकले,

तो उसे पोंछेंगे कैसे?

मेरे अधकचरे हिन्दी भाषी साथियों!

बुरा मत मनाना,
मेरे 'हगने' शब्द से।
घिन भी मत करना,
'हगने' की प्रक्रिया से।
हिन्दी में यह शब्द
अवश्य असामाजिक है,
लेकिन अंग्रेज़ी के गुलामों के लिए,
भरी सभा में सभ्यता का प्रतीक है।
मैं भी सभ्य बन रहा हूँ,
और अंग्रेज़ी में हग रहा हूँ,
क्योंकि जिस तरह
अंग्रेज़ी के
'रिपोर्ट' शब्द को हिन्दी के
बहुवचन में 'रिपोर्टें',
डॉक्टर को डॉक्टरों,
इस्तेमाल किया जाता है,
उसी तरह से मैंने
अंग्रेज़ी के 'हग' को,
हिन्दी में 'हग' दिया है।
मैं जिस जगह रहता हूँ,
वहाँ अंग्रेज़ी का ही बोलबाला है,
मजबूरी में मुझे इस,
भाषा को हगना पड़ा है।
अब मैं आये दिन अंग्रेज़ी में ही,

जीवन-समर

हगने लगा हूँ।
हगना हिन्दी में हो
या अंग्रेज़ी में,
इससे मन तो
हल्का हो ही जाता है।
इसे वैज्ञानिकों ने भी
प्रमाणित कर दिया है।
तो फिर पक्का न
आज हग दें?
हे बारह फ़रवरी !
तू एक साल बाद क्यों आती है?
जबकि मैं हर रोज़ हगना चाहता हूँ।
चलो साथियों ! मैं तो सुबह से
इन्तज़ार कर रहा हूँ।
कौन है जो मेरे साथ हगना चाहता है?

आओ तो वेलकम,
जाओ तो भीड़कम।

मैं पलायन करना चाहता हूँ

'मैं सोच रहा हूँ',
कर लूँ पलायन,
इस जिजीविषा से।

मैं चला जाऊँ कहीं
अनन्त की यात्रा पर,
लेकर अवकाश,
इस सांसारिकता से।
मैं सोच रहा हूँ जाकर,
छिप जाऊँ,
किसी स्याह अँधेरी,
गिरि-कन्दरा में,
जहाँ नभ-मण्डल और उसकी
तारिकाएँ हो रही हों दैदीप्यमान,
आठों प्रहर,
और हरण कर लें,
अज्ञानलवदुर्विदग्ध इस अन्तः का।
'मैं सोच रहा हूँ'
जाकर करूँ निवास,
किसी ऐसी मरुस्थली में,
जहाँ समुद्र की उत्ताल-उच्छृंखल तरंगें
हिम की भाँति हों स्थिर,
और दे रही हों शान्ति मेरे,
अन्तः के विचलन को।

जीवन-समर

मैं सोच रहा हूँ।
चला जाऊँ किसी
ऐसे हिम सागर में,
जहाँ तपती हुई अग्नि शिखाएँ
भस्म कर दें मेरी
इच्छाओं को।
मैं सोच रहा हूँ,
हो जाऊँ लुप्त किसी
ऐसे अघोर वन में,
जहाँ बजरियों की
दीवारें रोक रही हों,
प्राणघातक पवन को।
मैं सोच रहा हूँ,
बैठ जाऊँ जेठ की
दुपहरी में कहीं,
जहाँ का मन्द समीर,
अपनी मन्थर गति से,
कर रहा हो,
सन्ताप मुक्त मुझे।
मैं पलायनवादी बनना चाहता हूँ,
क्योंकि मैं नहीं चाहता,
आगामी पीढ़ियाँ पढ़ें,
मात्र मेरा इतिहास,
और मेरे चित्र के नीचे लिखा हो,
'विलुप्त प्राणी'।

विपश्यी

रति का कोई संयोग नहीं,

अतः मैं प्रेम से बहिस्कृत हो गया हूँ॥१॥

हास्य मेरा उद्देश्य नहीं,

अतः विनोद से उपेक्षित हो गया हूँ॥२॥

सन्ताप मेरे लिए अछूत है,

अतः व्यथा से तिरस्कृत हो गया हूँ॥३॥

आकांक्षाओं की उत्कण्ठा नहीं,

अतः उत्साह से निस्कृत हो गया हूँ॥४॥

हिंसा मेरा लक्ष्य नहीं,

अतः क्रोध से नास्तिक हो गया हूँ॥५॥

भय से कोई सरोकार नहीं,

कुरूपता से त्यजित हो गया हूँ॥६॥

पर-अपमान की कामना नहीं,

अतः घृणा के लिए दूषित हो गया हूँ॥७॥

नवीनता में कोई नवीनता नहीं,

अतः विस्मय से प्रतिकर्षित हो गया हूँ॥८॥

जो कुछ भी है वह क्षणिक है,

अतः शान्ति के लिए मैं परिमार्जित हो गया हूँ॥९॥

उद्धार की योजना

अरे !
हमने तो सोचा,
तुम हो बहुत ही शक्तिशाली,
और धैर्यवान व्यक्तित्व ?
किन्तु यथार्थ को देखते ही,
आपादमस्तक तुम हो गये जलमग्न,
जैसे हो गई हो मूसलाधार बारिश,
तुम्हारे अनन्त विश्राम पर,
और भाग गये छोड़कर मैदान ही।
अब आया समझ में,
कि दो रोटी को जुगाड़ने के लिए,
कितना बेलते हैं पापड़ हम लोग ?
ये जो तुम्हारा सूट-बूट और टाई है न,
इसमें छींटे हैं मेरे रक्त की।
झलकियाँ हैं मेरे बच्चों के गाड़ दिए गये
स्वप्न की।
चपलता है सिन्दूर विहीन माँग
मेरी अर्धांगिनी की।
और हैं चूड़ियों के टुकड़े।
मेरे लिए कार्य करना,
नहीं तुम्हारे बूते का।
बाबू ! तुम भाग जाओ।
जाओ बनाओ किसी वातानुकूलित घर में,
योजना मेरे उद्धार की।

अजनबी शहर में मर जाना

किसी अजनबी शहर में मर जाना।

मर जाना किसी ऐसी जगह पर,

जहाँ नहीं हो कोई अपना।

मर जाना किसी ऐसी जगह पर,

जहाँ ज़िन्दगी से ज़्यादा क़ीमती हो अपना सपना।

मर जाना ऐसी जगह पर,

जहाँ नहीं हो मयस्सर, एक बूँद पानी सूखते होंठों के लिए।

मर जाना ऐसी जगह,

जहाँ चंद सिक्के हों ज़रूरी, चमकते बूटों के लिए।

मर जाना ऐसी जगह,

जहाँ से माँ न देख पाए राख भी।

मर जाना ऐसी जगह,

जहाँ बीवी को भी न हो पाए एहसास भी।

मर जाना ऐसी जगह,

जहाँ के लिए बच्चे केवल इन्तजारी हों।

मर जाना ऐसी जगह,

जिसके लिए पिता का कन्धा अभी भी भारी हो।

मर जाना ऐसी जगह,

जहाँ केवल मिलती हो दमघोटू साँसें।

मर जाना ऐसी जगह,

जहाँ बिकती हो रूहें और सजती हों बारातें।

मर जाना एक चार बटे चार के कमरे में,

जहाँ मौत से भी बुरी हो ज़िन्दगी।

मर जाना ऐसी जगह,

जहाँ मौत की वजह ही हो बन्दगी।

मर जाना ऐसी जगह,

जहाँ लोगों को पता चले सड़ान्ध मार रही हो जब लाश।

मर जाना ऐसी जगह,

जहाँ की लानतें ही नसीब होती हों पास।

मर जाना ऐसी जगह पर,

जहाँ किसी को न हो पता,

कि कौन है वारिस इस लाश का?

मर जाना ऐसी जगह,

जहाँ कितने ही कुण्ठित मर रहे हैं?

और मर रहा है हर एक सपना पाश का।

गड्ढा

होते ही बारिश

भर जाता हूँ मैं लबालब,

अपनी क्षमता के अनुसार,

या उससे भी अधिक कभी-कभी।

किन्तु गड़ाए हुए,

अपनी पैनी नज़र,

चारों ओर से कई सूर्य,

देखते ही जल समूह,

मेरे भीतर,

फेंक देते हैं तपती किरणें,

मेरे ऊपर,

अपनी-अपनी आवश्यकताओं की,

और

सोख लेते हैं, मुझे पूरी ताक़त से,

नहीं बचाते एक बूँद भी मुझमें

कि

अपनी या किसी भी ज़रूरतमन्द की,

मैं बुझा सकूँ प्यास।

बस पूरे साल पड़ा रहता हूँ,

अपने ही भीतर दरारें लिए,

जिसमें कीड़े भी नहीं पनपते।

रुपयों की उड़ान

महीना पूरा होते ही मेरा एटीएम कार्ड हो जाता है
बहुत ही वज़नी।
लगता है जेब से फिसलने।
जैसे ही उसे डालता हूँ मशीन में,
लपलपाती, चमचमाती लाल, पीली, हरी,
उगलने लगती है मशीन।

आँखें भी पैदा करने लगती हैं,
बिजली की चमक।
जेब अभी भी भारी ही लगती है,
लेकिन उसमें एक अजीब से कुलबुलाहट होने लगती है।
माजरा समझने की कोशिश की,
तो पता चला पैसे पास में आते ही,
उनके पंख लग गये हैं।
वे कहते हैं,
"अरे पगले! मैं कब तेरा था जो आज रहूँगा?"
और शुरू हो जाती है उनकी उड़ान।
मैं उनके पीछे-पीछे चाहत भरी नज़र लिए,
दौड़ने लगता हूँ।
मेरे जेब रूपी कोटर से निकलकर
कुछ उड़ चलते हैं,
पड़ोसी अकाउंटेंट दूकानदार के पास,

महीने भर का सारा खाया-पिया हज़म करने के लिए।

सादा खा-पी कर सेहत बनाई,

और चाय के निकोटीन से गैस की बीमारी पाई।

लेकिन भैंस, घास खाकर तो दूध नहीं देगी न?

उसके पैसे तो देने ही पड़ेंगे।

भाई साहब! फल-फ्रूट भी तो खाए हो,

तोंद निकल आई, उसकी क़ीमत

क्या प्रधानमन्त्री चुकायेंगे?

अरे! घर में शौचालय बन रहा है,

कल पिता जी का फ़ोन आया था।

हैलो भैया/दीदी?

मुझे कहते भी शर्म आ रही है,

पर क्या करूँ ज़रूरत ही ऐसी है?

कुछ रुपए चाहिए थे,

मैं अगले महीने लौटा दूँगी।

कभी पड़ोसी, कभी मित्र, रिश्तेदार,

कभी रिश्तेदार के रिश्तेदार,

'आखिर रिश्ते बनते ही इसलिए हैं ' का वास्ता देकर।

बाईस तारीख़ तक वह स्वर्णिम दिन आ ही जाता है,

जब एटीएम कार्ड चुपचाप पर्स में सो जाता है।

और पर्सधारक पहुँचते हैं,
किसी मित्र के पास बड़े ही मधुर स्वर में कहते हैं,
"भाई! मैं आपकी पीड़ा समझ सकता हूँ,
पर क्या आपके पास दस रुपए होंगे?
मेरे मुँह में छाले पड़ गए हैं, दवा लेनी है।"
फिर प्रवचनों के साथ मेरी पर्स को
थोड़ा सा वज़न मिलता है और
दूकान पर पहुँचकर वह,
सुस्ताते हुए सोचने लगता है, दवा लूँ!
या बहुत दिन हो गये पानी-पूरी खाए?

जितेन्द्र देव पाण्डेय 'विद्यार्थी'

आओ! तुम्हें ज़िन्दगी दे दूँ...

आओ ! तुम्हें ज़िन्दगी दे दूँ... ।
आओ ! तुम्हें ज़िन्दगी दे दूँ... ॥

तुम अपनी एक साँस मुझे दे दो,

तुम अपना एक विश्वास मुझे दे दो,

तुम अपने होने का एहसास मुझे दे दो ।

मैं इन तीनों में भरूँगा अपनी साँस,

तैराऊँगा तुम्हारी ज़िन्दगी-जल में,

और लिख दूँगा उस पर तुम्हारा नाम, राम की तरह ।

बस ! तुम हाथ चलाना और पार कर जाना,

समाज-सिन्धु को ।

आओ ! तुम्हें ज़िन्दगी दे दूँ... ॥

तुम अपनी थोड़ी आवाज़ मुझे दे दो,

तुम अपने थोड़े अन्दाज़ मुझे दे दो,

तुम अपना थोड़ा मिज़ाज़ मुझे दे दो,

मैं इन तीनों में भरूँगा अपनी आवाज़,

मोड़ दूँगा रुख़ चट्टानों की ओर,

और कर दूँगा आग़ाज़,

बस ! तुम पैर उठाना और लाँघ जाना,

समाज-पर्वत को ।

जीवन-समर

आओ ! तुम्हें ज़िन्दगी दे दूँ... ॥

तुम अपनी थोड़ी हुँकार मुझे दे दो,

तुम अपनी थोड़ी झंकार मुझे दे दो,

तुम अपने शस्त्रों की टंकार मुझे दे दो,

मैं इन तीनों में भरूँगा अपनी हुँकार।

बनाकर अस्त्र, लटका दूँगा तुम्हारी पीठ पर,

और उठा लूँगा पाँचजन्य,

बस ! तुम युक्ति लगाना और जीत लेना

समाज-समर को।

आओ ! तुम्हें ज़िन्दगी दे दूँ... ॥

तुम थोड़ा फुफकार मुझे दे दो,

तुम थोड़ा इज़हार मुझे दे दो,

तुम थोड़ा इक़रार मुझे दे दो।

मैं इन तीनों में भरूँगा अपनी फुफकार,

बनाऊँगा एक गाढ़ा घोल,

कर दूँगा संचरित तुम्हारे रग-रग में,

और खौला दूँगा तुम्हारा खून,

बस ! तुम इंक़लाब करना और छीन लेना अपना हक़

समाज-सत्ता से।

आओ ! तुम्हें ज़िन्दगी दे दूँ... ॥

मैं तुम पर कोई एहसान नहीं कर रहा हूँ,
क्योंकि तुम जीते रहोगे तभी तो रहेगी,
सम्भावना मेरे जीवन की ।
तुमने सुना ही होगा,
लक्ष्मण के मर जाने के ख़याल मात्र से ही,
राम हो गये थे अधमरे ?
इसलिए आओ !
तुम मेरे मुँह में फूँको,
मैं तुम्हारे मुँह में फूँकूँ ।
भरूँ साँसें एक-दूसरे में,
परस्पर,
निकले एक ही स्वर दोनों की हलक़ से,

आओ ! तुम्हें ज़िन्दगी दे दूँ... ।
आओ ! तुम्हें ज़िन्दगी दे दूँ... ॥

अभिसार

अवर्णित तुम

तुम कहती हो लिखूँ, कुछ तुम पर।
किन्तु,
'हे कमले'!
'बिहारी' की भाँति नहीं है क्षमता,
वर्णने को तुम्हारे मधुयुक्त अधरों को,
जिन्हें देख भ्रमर ललचाता है प्रति क्षण,
किन्तु विफल
मन-मारकर लौट जाता है,
बिन पराग पान के।

'श्रद्धे'!
'जयशंकर' की शब्दावली से विहीन हूँ,
जो
तुम्हारे श्याम रंगी
वट मूल की भाँति लम्बे,
सतपुड़ा वन की तरह घनेरे केशों को,
दे सकूँ शब्दरूप।

'सखे'!
'विद्यापति' जैसे नहीं हूँ,
हे विलक्षणी!
जो तुम्हारे कंचन-कटि,

को पहना सकूँ,
करधनी स्वर्णिम शब्दों से ।

हे अनुपमेय !
मैं नहीं 'कालिदास', जो
कर सकूँ वर्णित तुम्हारे
दर्पण जैसे परावर्ती नेत्रों को,
जिसमें देखता हूँ,
मैं स्वतः को आठों याम ।

चन्द्रे !
'पद्माकर'
की भाँति नहीं हूँ अलंकारी,
जो तुम्हारी पूनमीय उज्ज्वलता को,
कर सकूँ आपादमस्तक
श्रृंगारित शब्दालंकारों से ।

प्रिये !
मैं तुच्छ 'विद्यार्थी',
धूसर-स्याह जीवन का आदी,
सौंदर्य की देवी को नहीं कर सकता अलंकृत,
शब्द चातुर्यता से ।

वियोगिनी

यद्यपि कि वे शूर बहुत हैं,
पग चलने को मजबूर बहुत हैं,
अब मिलन हमारा होगा कैसे?
सखि! प्रिय मुझसे दूर बहुत हैं।

उनके ही छाया-चित्रों में,
मेरे आठों याम कटते हैं।
नयन पलक गिरने पर भी,
हिय से न वे ओझल रहते हैं।
मेरी नसों में रक्त-कणिक-सा,
वे तो रहे भरपूर बहुत हैं।

अब मिलन हमारा होगा कैसे?
सखि! प्रिय मुझसे दूर बहुत हैं।

आती है सुध उस बेला की,
जब प्रिय ने मुख-वस्त्र उठाये थे।
लज्जित नेत्र खुल न सके,
प्रिय अंग-अंग में समाये थे।
दृश्य नहीं हटते अन्तः से,
जो प्रिय ने दिये, मंजूर बहुत हैं।

जीवन-समर

अब मिलन हमारा होगा कैसे?
सखि ! प्रिय मुझसे दूर बहुत हैं ।

पीत सुमन ऋतुराज के,
विरह अग्नि सुलगाते हैं ।
प्रेम-बाण से भेद मदन,
रति को और जगाते हैं ।
गुन-गुन करते भ्रामर भी,
अब तो लगते क्रूर बहुत हैं ।

अब मिलन हमारा होगा कैसे?
सखि ! प्रिय मुझसे दूर बहुत हैं ।

प्रियदर्शी की वामांगी मैं,
उनके चरणों की दासी ।
नहीं कामना और हृदय में,
पग-रज की बस अभिलाषी ।
हुई प्रेममय दृष्टि पिया की,
यही कृपा भरपूर बहुत है ।

अब मिलन हमारा होगा कैसे?
सखि ! प्रिय मुझसे दूर बहुत हैं ।

यशोधरा और उर्मिला-सी,
पति वियोग की मारी हूँ।
गर्व मुझे भी उन्हीं के जैसा,
निःस्वार्थ पुरुष की नारी हूँ।
परन्तु नहीं धैर्य उन जैसा,
करती हूक मजबूर बहुत है।

अब मिलन हमारा होगा कैसे?
सखि! प्रिय मुझसे दूर बहुत हैं।

शैय्या भी बिन प्रियतम के,
हिय को न तनिक सुहाती है।
अंक निशा में रिक्त पड़े,
नयनों से नीर बहाती है।
धैर्य बँधाती तकिया भी,
लगने लगी मगरूर बहुत है।

अब मिलन हमारा होगा कैसे?
सखि! प्रिय मुझसे दूर बहुत हैं।

जब प्रिय आतुर होकर,
मुझको आलिंगन करते थे।
अधरों पर धर अधर वो मेरे,
प्रेम-सुधा रस भरते थे।

किन्तु 'अधर' बिन प्रियतम के,
सूखने पर मजबूर बहुत हैं।

अब मिलन हमारा होगा कैसे ?
सखि ! प्रिय मुझसे दूर बहुत हैं।

मेरी प्यारी बहन 'विरह',
मेरे प्रियतम से कहना।
एक क्षण युग सा लगता,
कठिन हुआ जीवित रहना।
एकल कंटकीय जीवन से,
मन थक-कर चकनाचूर बहुत है।

अब मिलन हमारा होगा कैसे ?
सखि ! प्रिय मुझसे दूर बहुत हैं।

होती है सिहरन रोयों में,
चित नयन में पड़ते ही।
तन-मन पुलकित होते हैं,
जल बूँद बदन पर पड़ते ही।
मैं दौड़ पहुँच जाती उन तक,
पर नारी के दस्तूर बहुत हैं।

अब मिलन हमारा होगा कैसे ?
सखि ! प्रिय मुझसे दूर बहुत हैं।

समझौता

उसने आत्महत्या कर ली,

और

पुनर्जीवित कर लिया स्वतः को।

वह था अक्षम जीने में दोहरा जीवन।

एक,

जिस पर न्यौछावर करता था वह,

अपना दिन, अपनी रातें,

अपने सूरज-चाँद, सितारे,

हर श्वास, हर बातें।

कितने ही गीत, कविताएँ लिख डाली थीं उस पर?

नहीं बची कोई भी उपमा उसके सामने।

अपना एक-एक क्षण बलिदान किया था उसने जिस पर,

वह थी,

उसकी अनुपमेय, हृदयंगिनी, प्रेयसी।

परन्तु आज तक नहीं कर सका,

प्रकटीकरण उससे अपने प्रेम का,

क्योंकि डरता था उसके अपकार से।

जब कभी करता था उससे बातें,

बतिया लेता था घण्टों आनन्द विभोर होकर,

सारे संसार के बारे में,

किन्तु नहीं कह पाया कभी।

जबकि,

पूछा भी उसकी अनन्त कामिनी ने,

कि,

बताओ !

कौन है जिस पर तुम करते हो बलिहार अपने प्राण ?

जिसे तुम बनाना चाहते हो,

अपने यौवन और जरा की सहचरी ?

कभी नहीं बोल फूटे उससे,

कि,

हे स्वप्न-चरी ! तुम्हीं तो हो,

जो मेरे हृदय का स्पन्दन हो ।

रग-रग में,

रक्त बनकर संचरण कर रही हो,

आपादमस्तक ।

तुम्हीं तो हो,

जब मैं लिखता हूँ कोई गीत या कविता,

अनायास ही लेखनी उकेर देती है तुम्हारा चित्र,

जबकि वहाँ होता है महज एक पृष्ठ,

न कि कोई चित्रफलक ।

हे माधुरी !

तुमसे ही आस लगाए बैठा हूँ,

सघन बस्ती में भी निर्जन होकर ।

ये शब्द भले ही वह बोल जाये मन में,

किन्तु नहीं कह सका अपनी,

स्वप्नलता से।

ना ही, की चेष्टा जानने की उससे,

कि कौन बसता है, उसके अष्टयामिनी के आलिन्द में।

दूसरी,

उस पर ही जीवन अर्पण कर,

त्याग सर्वस्व,

जहाँ बिताया था,

अपना बाल्य, कैशोर्य और अब तक का यौवन।

करना चाहती है वरण उसे,

आजीवन रहने को साथ।

वह थी,

इसके प्रति अनन्तिच्छित इसकी पत्नी।

यद्यपि कि इसने उसे समझाया भी,

"सुनो!

मेरा-तुम्हारा मिलन असम्भव है, धरा-गगन की भाँति।

मैं प्रेम करता हूँ चन्द्रवर्णी से,

और उसी की चन्द्रिका में करता हूँ स्नान प्रतिक्षण।"

हे स्वप्नप्रिय!

बोल उठा नारीत्व,

मैं भी बिखेरूँगी हरियाली,

बहाऊँगी पूर्वा मतवाली,

और मेघ सदृश तुम्हें बरसाऊँगी अपने ऊपर।

तुम्हारी एक-एक बूँद की शीतलता मुझे तो प्राप्त होगी ही,

साथ ही मिटेगी तृष्णा जन-जन की।

तुम चाहते हो ना,

निर्मित करना ऐसा वातावरण,

जिसमें मानव-मात्र हों समान?

तुम्हारी है प्रबल इच्छा,

देने को संसार को नई दृष्टि-नया मार्ग?

तुम्हें यह भी विदित है की

कितना कष्टसाध्य है यह पथ?

तो सुनो!,

हे मेरे स्वप्न सर्जक!

मैं बनूँगी तुम्हारी अनुगामिनी।

करूँगी सहन;

शीत, ताप, तीक्ष्ण प्रहार बूँदों का।

कैकेयी की तरह करूँगी तुम्हारी रक्षा,

भीषण संग्राम में।

सीता ने किया था वनगमन चौदह वर्ष के लिए,

उर्मिला ने की थी प्रतीक्षा उससे भी अधिक।

तो क्या मेरे प्रथम!

मैं यशोधरा से भी कम हूँ?

जिसने,

विरहाग्नि में तपकर भी,

व्यतीत कर दिया समूचा जीवन पति-इच्छा पर।

मैं भी तो नारी ही हूँ।

मुझमें भी वही ओज है दुर्गा-सा,

यशोदा की ममता, अनुसुइया की पतिनिष्ठा।

हे मेरे अनन्त!

तुम्हीं मेरे आद्य हो,

तुम्हीं में होगा मेरा अन्त।

हे मेरे कान्त!

मैं नदी की शीतल धारा बन,

कराऊँगी सैर इस संसार का।

मैं बनूँगी तुम्हारी अनन्त अभिसारी,

तुम्हारी परिणीता।

हे मेरे आद्य!

मैंने त्याग दिया है अपना जीवनानन्द,

मात्र तुम्हारे एक चीथड़ा सुख के लिए।

क्या इन चरणों की कृपा तब भी नहीं होगी मुझ पर।

तुम हो प्रतीक्षित जिस जलधि के,

विचारने लगा मानस...

तनिक सोचो!

क्या,

घूँट पाओगे एक बूँद भी उसका खारा जल?

तुम मात्र आनन्दित हो सकते हो,

देखकर उसकी विशाल तरंगें।

डूब-उतरा सकते हो उसकी लहरों में।

वे तुम्हें ले तो जाएँगी अनन्त गहराई में ,

किन्तु पुनः लाकर छोड़ देंगी उसी किनारे पर।

अतः,

कर लिया स्वीकार उसे।

भेज दिया उत्तर अपनी प्रेमिका के प्रश्नों के।

सुनो ! मिल गई मुझे जीवन दायिनी...।

"मिल गई मुझे जीवनदायिनी"

-यह सुनते ही,

प्रेमिका के बहने लगे झरने।

कसक उठी प्रेमव्यथा।

मैंने पाल रखी थी,

अन्तहीन आशाएँ तुमसे,

किन्तु सबके सब जड़हीन हो गए।

हे मेरे अनंग !

तुमने मुझसे पहले क्यों नहीं कहा ?

जबकि यही प्रश्न मेरा तुमसे मेरी रति ?

जब मैं भूलकर समस्त को,

उतारता था तुम्हें अपने नयनों में,

बिता देता था प्रहर दर प्रहर,

तुम्हारे वीणा झंकृत बोलों पर,

प्रतिदिन इसी आशा में,

कि

आज रखोगी तुम अपना प्रेम प्रस्ताव।

किन्तु वे सारे दिन एक-से हो गए।

यदि तुम्हें याद हो,

एक बार अप्रत्यक्ष मैंने बताया भी था तुम्हें,

कि घर में,

अब मैं ही रह गया हूँ अकेला,

हेतु विवाह के।

तब तो तुम्हें कहना ही था न?

मैं डरती थी इस कुत्सित समाज से।

कराह उठी वेदना...।

वह समाज जो देखता है मात्र अपना सम्मान।

अपने हित के लिए किसी को भी चढ़ा सकता है, सलीब पर।

मैं नहीं चाहती थी

कि लोग तुम पर भी मारें पत्थर मजनूँ-सा।

किन्तु समाहित हैं मुझमें अभी भी,

वही राधा, वही लैला, शीरी और हीर।

आह...!

यह कैसा द्वन्द्व है?

एक ओर वह जहाँ रहता हूँ मैं सम्पूर्ण,

दूसरी ओर,

जो निःस्वार्थ है मेरे लिए।

हे मेरे असमंजस!

तू ही बता कहाँ रखूँ पाँव?

अगर प्रेयसी को करता हूँ वरण,

तो टूटता है मेरा वचन,

जो मैंने दे दिया अनअपेक्षित संस्कृति को,

और अगर वरता हूँ,

अबला दीख रही इस सबला को,

तो ढह जायेगा मेरा स्वप्न-किला।

दोनों को यदि करता हूँ स्वीकार,

तो कर पाऊँगा पूर्ण इनके असीमित को।

इसमें है सन्देह मुझे,

और

त्यागता हूँ,

तो

रह जाऊँगा जूझता आजीवन।

हे मेरे अन्तः!

तू ही बन मेरा माझी,

बैठा मुझे उस नाव पर,

जो पहुँचा सके उस तट पर,

जहाँ कर सकूँ मैं जीवन का पूर्ण स्नान।

सुनो!

मत रखो दो नावों में पाँव।

निकली अन्तः ध्वनि...

अन्यथा दोनों नावें खा जायेंगी पलटा,

और उस भँवर में ऐसे फँसोगे तुम,

कि

मिट जायेगा तुम्हारा अस्तित्व भी।

मेरी सुनो...!

कट जाती हैं दुविधा की बेड़ियाँ दृढ़ संकल्प से।

अतः कर लो निश्चय, के

तुम अपनाओगे उसे,

जो है निर्भय।

जिसने कर दिया है समर्पित स्व को तुम्हारे आश्रय में।

जिसके लिए हो चुके हो तुम वचनबद्ध।

जिसे नहीं है भय किसी का,

करने में सहयोग तुम्हारा।

जो उठा सकती है 'खड्ग', काली बनकर,

तुम्हारे संकटकाल में।

तुम्हारे माथे पर करेगी तिलक राजपूतानियों-सा।

बनाएगी शक्तिमान तुम्हें लड़ने को हर चुनौती से।

किन्तु इसके लिए तुम्हें मरना होगा।

नाशना होगा उन कल्पनाओं को,

जो खींचती हैं प्रियता की ओर तुम्हें।

इसीलिए उसने आत्महत्या कर लिया।

जीवन-समर

हर व्यक्ति मरता है,

जब उसकी आत्मा पड़ जाती है विचार पाटों के मध्य,

और पुनर्जीवित करता है,

संधि कर परिस्थितियों से।

उसने भी घोंट दिया गला उसका,

जो होता था आकर्षित अपनी प्रियंवदा की ओर।

मार दिया

उन उँगलियों को,

जो जपती थीं माला प्रेयसी के नाम की।

जीवित किया उसे,

जिसने किया था वचनदान एक समर्पित सृष्टि को।

यह हत्या शरीर की नहीं थी,

यह थी,

उसी में विद्यमान दो में से एक स्व की।

जिसमें से,

एक का कर दिया समूल नाश,

दूसरे ने वरण कर लिया सौहार्दपूर्ण जीवन।

तुम्हारी आँखें

नहीं ! मूँदो मत इन्हें।

'मैं'

देखना चाहता हूँ,

कितनों की बुझती है प्यास इनसे ?

कितनों की हैं जीवन ये ?

कितनों का हृदय स्पन्दित होता है,

माल इनके चार होने पर ?

कितने वीराने हो जाते हैं,

इनसे फासला पाने पर ?

कितनों की सुबह होती है, इनकी स्मृति के साथ में ?

कितनों के मोती हैं ये घनघोर अँधेरी रात में ?

कितनों के लिए चंचल हैं हिरणी-सी ?

कितनों की मदिरालय ?

कितनों की विशालता गगन जैसी ?

कितनों की महकती उपवन ?

कितने डूब जाना चाहते हैं,

इस अथाह सागर में ?

और कितने समेट लेना चाहते हैं,

अपने कर-आँगन में ?

हे अनुपमेय !

मुझे चाँद का चकवा बनकर,

ताकने दो अपनी चन्द्रकला को।

टकटकी लगाए,
दुनिया भर के सपने,
अपने में ही समाहित की हुई तुम्हारी,
झील-सी ,
शबनमी आँखों को ।

मौन–प्रेम

प्रेम बीज उसके भी मन में,
भाव वही मेरे अन्तर में।

मेरे लिए स्वप्न हैं उसके,
वह भी बसी मेरे उर घर में।

नयनों से तो बोल चुकी वह,
मैंने भी कह दिया नज़र में।

उसके बोल न फूटे अब तक,
अधर सिले मेरे भीतर में।

लज्जा-भय की लुका-छुपी है,
दोनों लटके अभी अधर में।

दोनों प्रेम पिपासे हृदय के,
लड्डू फूट रहे अन्तर में।

मजबूरी

मैं नहीं चाहती कि वह हो दु:खी,

मेरे कारण,

इसीलिए जब भी मिलता है, मुस्कुरा देती हूँ,

उसे दिखाने के लिए अनायास ही,

किन्तु वह है कि,

जमाने लगता है अपना पूरा अधिकार मुझपर,

मेरी अनिच्छा हो तब भी।

वह चाहता है,

मैं भी वह सब करूँ जिस प्रकार एक लड़की,

प्रेम के मार्ग में,

चलने वाले सहयात्री के साथ करती है व्यवहार।

मेरी कई अस्वीकृतियों के पश्चात् भी,

दीवाना यह नहीं समझ पाया

आज तक,

कि मैं उससे प्रेम नहीं करती,

हाँ! पसन्द अवश्य करती हूँ,

तभी तो उसका,

दिल बहलाने के लिए मुस्कुरा देती हूँ ज़बरदस्ती।

एक सफ़र में रेखा शेखावत के लिए...

एक दिन मैं एक यात्रा पर था। मैं जिस ट्रेन में बैठा था, उसी में मेरे सामने एक लड़की भी बैठी थी। उसे मैंने जितनी बार भी देखा उसके अधरों पर एक मुस्कुराहट तैरती हुई मिली, अतः मेरा कवि मन चंचल हो उठा और उसने उसकी मुस्कुराहट को कुछ यूँ व्यक्त किया,...

वह बहुत मुस्कुरा रही है,

एक असमंजस मुझमें आ रही है,

या तो हसीन कोई ख़्वाब बना रही है,

या टूटा कोई ख़्वाब भुला रही है,

वह बहुत मुस्कुरा रही है।

हिलते हुए होंठों और झपकती हुई पलकों से,

दो रहस्य जता रही है,

या तो प्रियतम को पा रही है,

या उस पल को पछता रही है,

वह बहुत मुस्कुरा रही है।

कभी कुदरत को अपलक निहारती,

कभी मृगनयन मुझ पर डालती,

दो बातें मुझको बता रही है,

या वादियों संग गा रही है,

या अश्क़ों को तड़पा रही है,

वह बहुत मुस्कुरा रही है...।

बादलों सी सूरत वाली,
राजपूताना की एक राजकुमारी,
या बिना बोले ही बहुत कुछ बता रही है,
या होंठों के भीतर कोई गहरा राज़ छिपा रही है,
वह बहुत मुस्कुरा रही है... ॥

मैं सम्पूर्ण तुम्हारा हूँ

देखो मैं लौट आया हूँ, ख़ुद-ब-ख़ुद,

पर तुम कहाँ हो?

तुम चाहते हो न कि मैं,

तुम्हारे साये की तरह रहूँ?

तो लो, अपने नस-नस

का क़तरा-क़तरा,

तुम में ही समाहित कर रहा हूँ।

सुनो मेरे क़रीब होकर भी,

इतने दूर क्यों हो?

तुम्हारे होंठों के कमल पर,

ये गोधूली का धुँधलका क्यों है?

तुम्हारे मृगनयन में,

सागर क्यों छलक रहा है?

देखो मैं सम्पूर्ण आया हूँ,

तुम्हारे ही पास,

केवल तुम्हारे पास,

अब मेरे क़रीब किसी और की

परछाईं भी न पाओगे कभी।

बस एक बार अपने चेहरे पर,

दीवाली का दिया जलाकर,

इसे होली की भाँति इन्द्रधनुषी कर दो।

आज पिया से लड़ बैठी

आज पिया से लड़ बैठी मैं,
वे रूठ कहीं परदेस निकल गये ।
दिन भर से मैं अश्रु बहाऊँ,
विरह के मारे जिया विकल भये ।

रूठे-तो-रूठे रहें वे,
क्या रोज़ मनाने मैं ही जाऊँ ?
जाऊँ तो झिड़की सुनूँ,
और आँखों में ज्वाला ही पाऊँ ।
अब जाऊँ भी किस डगर चलूँ मैं,
ने वे किस देश निकल गये ।
दिन भर से मैं अश्रु बहाऊँ,
विरह के मारे जिया विकल भये ।

मन मेरा भी करता है,
मैं रूठूँ कभी और वो मनाएँ ।
मैं हठ कर घर से निकल पड़ूँ,
वे हाथ पकड़ ले आयें ।
उनके आलिंगन के प्यासे,
अधरों के रस तड़प के रह गये ।
दिन भर से मैं अश्रु बहाऊँ,
विरह के मारे जिया विकल भये ।

जितेन्द्र देव पाण्डेय 'विद्यार्थी'

निकल गये तो निकल भी जायें।
अब मैं न मनाने जाऊँगी,
पहला बोल न बोलूँगी,
ये अपना प्रण तो निभाउँगी।
प्रणय के इस माला में,
प्रेम के मोती अगल-बगल भये।
दिन भर से मैं अश्रु बहाऊँ,
विरह के मारे जिया विकल भये।

बिन चकोर को देखे तो,
चाँदनी जैसे बनी अमावस,
स्पन्दन में भय गूँजता,
कुछ कर ना बैठें आज क्रोधवश।
प्रेम भरे इस गुस्से में,
मेरे मन के भाव विकल भये।
दिन भर से मैं अश्रु बहाऊँ,
विरह के मारे जिया विकल भये।

ए री सखी! जा तू उनसे कह,
व्यथित नेत्र की अविरल धार।
उनके एक बोल पर ही,
न्यौछारूँ सारा अभिसार।

विरह नयन ऐसे बरसे हैं,
भीगे कपोल आज काजल भये।
दिन भर से मैं अश्रु बहाऊँ,
विरह के मारे जिया विकल भये।

प्रणय निवेदन

एक प्रणय निवेदन तुमसे प्रिय,
अपने आँचल में ग्रहण करो।
निर्निमेष इन भावों को,
अपने हृद में विस्तरण करो।

कोकिल स्वर से मुखरित तुम,
मेरे कर्ण वनों में कूक रही।
लिए चषक मृगनयनों की
मम मनःपटल पर हूक रही।
प्रेम पिपासू इस अन्तः को,
निज अधरों से संवरण करो।
निर्निमेष इन भावों को,
अपने हृद में विस्तरण करो।

अभिसार पथों का मैं मार्गी,
गन्तव्य तुम्हारा प्रेमांगन।
निर्बाध अग्रसर हूँ मग पर,
दृढ़ प्रतिज्ञ कर अन्तः मन।
मेरी अविचल यात्रा का,
तुम एक भाग अनुसरण करो।
निर्निमेष इन भावों को,
अपने हृद में विस्तरण करो।

मैं नव अंकुर एक प्रेमी हूँ,
नहीं भान मुझे प्रेमालाप।
हूँ परे तुम्हारे नाज़ों से,
नहीं ज्ञान मुझे प्रेम-प्रताप।
मैं सर्वस्व समर्पित तुम पर,
तुम अपने भाव संचरण करो।
निर्निमेष इन भावों को,
अपने हृद में विस्तरण करो।

एक आरज़ू...

एक मुद्दत से
मेरे दिल की एक चाहत है
कि तुम और मैं,
समझ सकें एक-दूसरे को,
बाँट सकें दर्द,
कर सकें अठखेलियाँ।
मेरी और तुम्हारी नज़रें,
एक-दूसरे में खो कर।

मैं जानता हूँ तुम हो चुकी हो,
मशरूफ़ अपनी ज़िन्दगी में।
जिसमें केवल तुम हो,
तुम्हारी अपनी तन्हाईयाँ हैं,
अनचाही बातें हैं,
और है अकेले का दर्द।
जिसे नहीं चाहती तुम करना बयाँ,
किसी के सामने।
मुझे पता है!
'तुम वही बर्फ़ हो',
जिसमें हमने बिताए हैं,
कुछ यादगार पल,
जिसे थोड़ा भी ताप मिलने पर,

पिघल जाएगी,

और बह निकलेगी,

'गंगा',

सिन्धु की तरह।

उस ताप की आहट,

मैंने कब का दे दिया ?

लेकिन तुम जानबूझ कर,

कर रही हो बचाव।

यह जानते हुए भी,

कि

तुम्हारे पानी बनने से लेकर,

समुद्र में मिलने तक;

तुम्हारा दूसरा किनारा बनकर

चलने को हूँ मैं तैयार।

मैं भी कूद चुका हूँ ,

उसी नदी में,

जिसमें चल रही है,

तुम्हारी नाव।

फ़र्क बस इतना है,

कि

तुम धारा से अलग हो।

मैं तरंगों में सराबोर,

तुम्हारा दूसरा पतवार बन,
साथ में खेना चाहता हूँ,
तुम्हारी नाव को।
'मेरी आँखें',
कब से टिकी हुई हैं,
घड़ी की सुइयों पर,
और पूछ रही हैं,
एक सवाल उससे,
"क्या ऐसा कोई वक़्त नहीं है
किया तुमने जो मुकर्रर?
जिसमें मैं,
हिमालय की बर्फ़ को पिघलाकर,
अपने खेतों में बहा सकूँ?"

वर्षा-वियोगिनी

गर्जत मेघ, तड़ित चमकावत,
वेग पवन के हिया डरावत।
सघन वृष्टि, मम रूप सजावत,
सखि ! साजन तबहूँ नहीं आवत ॥

दिवस-निशा, चित स्थिर नाहीं,
प्रियवर चित्त बसा मन माहीं।
अधर शुष्क भये, अँसुवन छाहीं,
सखि ! साजन मम सुधि बिसराहीं ॥

श्रावण की हरिता उकसावत,
करि षोडश श्रृंगार नचावत।
बोल पपीहा, हूक बढ़ावत,
सखि ! साजन मम बहु तरसावत ॥

मैं गृहणी, एहि पिंजर माहीं,
पिय मोरे परदेस बसाहीं।
यौवन मोरे बस अब नाहीं,
सखि ! साजन बिन जिउ अकुलाहीं ॥

जितेन्द्र देव पाण्डेय 'विद्यार्थी'

बढ़ी स्पन्दन, पीर न सोहइ,
सपन पिया के सब मन मोहइ।
कहहु मदन से प्रिया मग जोहइ,
सखि ! साजन पर मन बहु छोहइ॥

अधरन पर प्रिय अधर डोलावत,
अंग-अंग प्रिय काम बढ़ावत।
बाँधि अंक प्रिय हिय हुलसावत,
सखि ! साजन रति नित्य जगावत॥

सतरंगी–इन्द्रजाल

एक अजीब-सी सरसराहट होती है,
नस-नस में।
जब तुम्हारी छुअन,
चुपके से करती है सरगोशी,
बदन के किसी पोर पर।

अंग-अंग चमक उठता है,
जैसे गा रहा हो कोई दीपक राग,
हवाओं में बसकर।
तुम्हारी अँगुलियों के राग मल्हार से,
चिलचिला उठती हैं बूँदें,
और भीग जाती है पूरी देह,
जैसे आज यहीं बरसा हो, पूरा-का-पूरा सावन।

अनायास ही पलकें छुपा लेती हैं,
अपनी पुतलियों को,
कि कहीं देख ना लें वे,
बिजली सी चमकती तुम्हारी आँखों को।
कानों ने खोल दिए हैं ताले,
अपने पटल के,
ताकि वे सुन सकें,
तुम्हारा पूरा प्रेम।

जितेन्द्र देव पाण्डेय 'विद्यार्थी'

मन निकल पड़ा है,

किसी अभीष्ट की तलाश में,

और लगाए जा रहा है गोता,

तुम्हारी लहरों के साथ,

खोता जा रहा है,

समुद्र के खारेपन में।

तूफ़ान की तरह तुम्हारा आना,

एक पल में कर देना,

मुझे अस्त-व्यस्त,

फिर समेटना,

लरजती हुई मेरी साँसों को,

भर देना भाव सन्तुष्टि का।

इन्द्रजाल-सा यह खेल,

जो कुछ ही क्षणों में हो जाता है अदृश्य,

किन्तु जब तक दिखता है,

जीवन सतरंगी रहता है।

आँखों का सूनापन

एक अजब सा सूनापन छाया रहता है,
आँखों की कोरों पर,
जो न जाने कब से ?
तुम्हारी ही बाट जोह रही हैं।
'तुम',
जो टपक गये थे,
कल बूँद बनके,
मेरी तकिया पर,
और हो गये थे स्थिर बहुत देर तक,
जिसे मैं बिसूरती रही थी,
तब तक,
जब तक,
न हो गये पूरी तरह से विलीन,
तकिया की तह में।

मैं हर रात बन्द कर लेती हूँ अपनी पलकें,
ताकि देख सकूँ तुम्हें अपनी पूरी नज़र से।
रोक सकूँ तुम्हें सारी रात अपने भीतर,
लेकिन तुम हो,
कि कोई-न-कोई बहाना बना ही लेते हो,
और मैं बावरी, झपका देती हूँ, पुतलियों को,
और तुम बह निकलते हो।

पूरी तरह से निकलने से पहले,

मैं रोक लेती हूँ तुम्हें,

अपनी बरौनियों पर भी,

पर तुम कब रुकने वाले होते हो?

अपना खारापन मेरे चेहरे पर बिखेर ही देते हो।

बेबस मैं,

भीगी हुई आँखें,

और सूजे हुए कपोलों को लेकर चलती हूँ,

लोगों की नज़रों से बचाकर,

कि कहीं वे हँस न दें,

तुम्हारी बेवफ़ाई पर।

तुम्हारी अलिखित अमिट कहानी मैं

जब तुम लिख रहे थे स्वयं को,
बुन रहे थे ताना-बाना अपने जीवन का,
कर रहे थे सुखमय वर्णन अपनी जीवन-यात्राओं का।

ठीक उसी समय,
तुमने किया होगा स्मरण मुझे भी,
मेरा चित्र बार-बार मूँद देता होगा,
नेत्र तुम्हारे।
मैं आई होऊँगी तुम्हारे मन के द्वार पर,
खटखटाया भी होगा किवाड़ को थाप दे-देकर।

तब,
तुम हुए होगे हिंसक,
किया होगा प्रहार अपनी स्मृतियों पर।
चलाया होगा घातक अस्त्र, मेरी सह-अनुभूतियों पर,
की होगी नृशंस हत्या मेरे साथ के समय की,
और फिर,
तुम अपने लेखन में,
स्वयं अकेले ही दिखने लगे होंगे,
प्रत्येक स्थान पर,
जबकि,
तुम्हें है पता,

तुम्हारे हर उस समय की सहवासी हूँ मैं।

जिस जीवन को आज तुमने उकेरा है, इन पन्नों पर,
ये पन्ने तुम्हें चिढ़ाते भी होंगे,
परन्तु अब तो तुम निर्लज्ज बन चुके हो,
तुम्हें नहीं पड़ता होगा अन्तर कोई,
किन्तु ध्यान रखना,
मैं भले ही तुमसे हो चुकी हूँ दूर भौतिक रूप से,
पर तुम्हारा मन चाहकर भी,
कभी भी मुझे तुमसे विलग न होने देगा,
क्योंकि जब भी तुम अपने जीवन के इन पन्नों को पलटोगे,
सबसे पहले मेरा ही मुख दिखेगा,
प्रत्येक शब्दों में।

मेरा नाम लिखने की आवश्यकता भी नहीं,
क्योंकि
तुम मुझसे विच्छिन्न हुए हो,
अपने जीवन से नहीं,
मेरा नाम तुम्हारे जीवन के साथ ही जुड़ा हुआ है,
तनिक एक बार स्वयं का नाम लो,
उसके बाद मेरा नाम स्वयमेव ही बोल दोगे।
भले ही मुझे छलकर,

जीवन-समर

तुम हो गये परे मुझसे,
चुन लिया नया पथिक साथी,
परन्तु
मैं तुम्हारे जीवन-यात्रा की,
अलिखित, अमिट कहानी हूँ।

तारीख़ों की दस्तक

मैं देता रहूँगा दस्तक तुम्हारी यादों के दरवाज़ों पर,
जब कभी तुम मशगूल हो जाओगे,
ज़िन्दगी के कमरे अपनी मशरूफ़ियत के साथ।

तुम झट से उठ बैठोगे,
बनाओगे मन कि "खोल दूँ दरवाज़ा,
भर लूँ आगोश में तारीख़ों को,"
लेकिन हक़ीक़त की बेड़ियाँ तुम्हें जकड़ लेंगी।
तुम फिर,
घुल जाओगे,
कमरे की सीलन में।

और मैं,
थोड़ी और देर थपथपा के किवाड़,
लौट जाऊँगा कुछ पलों के लिए।
तुम आँखों में बेबसी का पानी रोके,
फिर मशरूफ़ हो जाओगे,
मेरे वापस आने तक।

कलिकाएँ

आशियाना

चलो माँगते हैं किसी से गारा,
और
बनाते हैं मिलकर,
आशियाना गुलिस्तान का,
करके इकट्ठा
मेरी रेत,
इसके पेड़,
तुम्हारे पत्थर।

नावापसी

रस्सी को इतना कस कर पकड़ो
कि निकलने न पाए।
जैसे ही तुम ढीले हुए,
वह ऐसे फिसल जाएगी,
कि हाथ मलने के अलावा,
कोई चारा नहीं बचेगा।
यही तो समय की विशेषता है,
'नावापसी'।

ज़िन्दगी एक कोरा पन्ना

कितनी बार पूछता हूँ
सवाल,
'मैं'
अपने
'मैं'
से,
कि
'मैं'
क्यों हूँ?
कई बार तो,
चुप रह जाता है
मेरा
'मैं',
लेकिन
कभी-कभी पूलट देता है,
ऐसे कोरे पन्ने,
ज़िन्दगी की किताब के
कि
उलझ कर रह जाता हूँ,
इसके
निःशाब्दिक जवाब से।

प्रकृति की प्रेमातुरता

आज प्रकृति मेरे बहुत समीप है।
ये मदमस्त हवाएँ,
ये झील की खामोश लहरें,
ये पेड़ों की सितारी धुनें
खींच रही हैं मुझे...,
अपनी ओर
जैसे,
प्रेम-पिपासी
आलिंगित करती है,
अपने कामदेव को
अधरों तक।

आत्महन्ता लहरें

बैठा झील के किनारे,
सोच रहा है वह;

ये लहरें क्यों उठती हैं,
और खत्म हो जाती हैं
पहुँचकर साहिल पर?

जिसकी तलाश में भटकता है हर इंसान,
वहीं मौत को गले
क्यों लगा लेती हैं ये तरंगे?
जो देखने में हैं बहुत खूबसूरत, चंचल।

क्या इनकी ज़िन्दगी,
केवल चलकर मर जाने की है...?

मैं बड़ा हो गया

लेटा था छत पर,

ताक रहा था आसमान को,

एक तारा चलता दिखाई दिया,

मुझे मेरा बचपन दिखाई दिया।

नीचे उतरा दरवाज़ा खोला,

तेज़ रोशनी थी बल्ब की,

बचपन उसी में खो गया,

एहसास हुआ कि मैं बड़ा हो गया।

शायर के पन्नें

एक शायर आज समेट रहा है,

कुछ पन्नों को,

जो उसकी ज़िन्दगी के,

हर एक हर्फ़ से हैं वाकिफ़।

वे पन्नें जिन्होंने दी थी जगह,

उसके बिखरे हुए दिल को,

समेटा था अपने आगोश में,

उसके जज़्बात को,

पी लिया था अपने सीने में,

उसके हर एक ज़ख्मों को।

आज इन पन्नों से शायर की आशिक़ी,

होती जा रही है और भी गहरी,

क्योंकि अगर ये पन्नें न होते,

तो शायद आज उसके मोहल्ले में,

होते केवल उसके अफ़साने,

और टपकने लगते अश्क़ उसकी वालिदा की आँखों से लगातार।

वियोग-व्यथा

प्रति दिवस,
झुरमुटों के पास,
प्रेयसी की प्रतीक्षा।

न मिल पाने पर,
भीगे शब्द बन
एक नम पृष्ठ पर
उसका ढुलक जाना।

वियोग-व्यथा की
यह पुरानी रीत,
आज भी
कितने चन्द्र-चकोरों
को तड़पा रही है।

एक ज़रूरत

ख़्वाब के लिए नींद चाहिए,

नींद के लिए सुकून चाहिए,

सुकून के लिए आराम चाहिए,

आराम के लिए मुस्कान चाहिए,

मुस्कान के लिए प्यार चाहिए,

प्यार के लिए हमराज़ चाहिए,

हमराज़ के लिए अल्फ़ाज़ चाहिए,

अल्फ़ाज़ के लिए एहसास चाहिए,

एहसास के लिए ख़्वाब चाहिए,

और ख़्वाब के लिए नींद चाहिए।

जितेन्द्र देव पाण्डेय 'विद्यार्थी'

नींद की ख़्वाहिश

मेरी नींद दरख़्तों के पत्तों में,

जंगल के झुरमुटों में,

आम के बगीचों में,

गुलाब के काँटों में,

बेरों और अमरबेलों में,

दुनिया से रुख़सत हुई,

रूहों की तरह,

पाना चाहती है एक जिस्म

और खिलना चाहती है

कमल की तरह,

महकना चाहती है ग़ज़ल की तरह,

चहकना चाहती है परिन्दों के झुण्ड में,

लटकना चाहती है बाल्टी बन,

पानी के कुण्ड में।

पाना चाहती है लोरियाँ और थपकियाँ,

जिसमें खो जाती हैं सारी सिसकियाँ,

गुम हो जाती हैं सारी थकानें।

बनाना चाहती हैं प्यार का महल,

किसी ख़्वाबगाह में।

जीवन की खोज में...

चल पड़ा था जीवन की तलाश में।
प्यास लगी।
संयोग से एक कुआँ दिखा,
पानी पीने चला आया,
बिना सोचे-समझे।
कुआँ गहरा है, ये तो पता था,
किन्तु इतना गन्दा है, ये कभी मालूम न था।
खैर, आ ही गया हूँ,
तो गगरी भी डालूँगा,
पानी भी निकालूँगा,
चाहे हलाहल विष ही क्यों न हो ?
पर दो घूँट पियूँगा ज़रूर।